GOLDMANN
ESOTERIK

W0360195

Buch

Wabun Wind und Anderson Reed, Mitglieder des von Sun Bear gegründeten Bear Tribe, lassen uns an einer ihrer kostbarsten Entdekkungen teilhaben: ihrem Wissen über die magische Macht der Kristalle. Kristallarbeit ist eine uralte Wissenschaft, fest verwurzelt in zahlreichen Kulturen und Religionen. Die Autorinnen beschreiben den Bedeutungswandel der Steine im Lauf der Jahrhunderte, erklären ihre spezifischen Eigenschaften und geben Ratschläge für den praktischen Umgang mit ihnen. Ihre Anwendung der Kristalle als machtvolle Heilinstrumente reicht vom Ausbalancieren der Energien über Visions- und Traumarbeit bis hin zu Astralprojektion und Telepathie.

Autorinnen

Wabun Wind studierte zunächst an der Journalistenschule von Columbia und arbeitete in den sechziger Jahren als freie Journalistin in New York. 1972 fand sie, nachdem sie sich schon seit längerem auf die spirituelle Suche begeben hatte, Kontakt zu Sun Bear, einem Chippewa-Medizinmann. Fasziniert von seiner besonderen Lebensphilosophie wurde sie seine Schülerin und Medizinhelferin. Anderson Reed fühlte sich schon früh zu allem Spirituellen hingezogen. Als Zauberin und Medium machte sie außerkörperliche Erfahrungen, entwickelte ihre Fähigkeiten des Gedankenlesens und der Hellsichtigkeit, beschäftigte sich mit Astrologie und Tarot. 1985 lernte sie auf Hawaii Wabun Wind kennen, mit der sie langjährige Erfahrung in der Kristallarbeit verbindet.

Wabun Wind/Anderson Reed

Die Macht der heiligen Steine

Kristallarbeit und Kristallwissen

Aus dem Amerikanischen übertragen
von Jürgen Langowski

GOLDMANN VERLAG

Originaltitel: Lightseeds: A Compensium of Ancient Contemporary Crystal Knowledge
Originalverlag: Prentice Hall Press, a division of Simon & Schuster Inc., New York

Dieses Buch dient ausschließlich der Information, und es gibt die ganz persönlichen Erfahrungen und Meinungen der Autorinnen und Mitarbeiter wieder. Es soll keinesfalls als medizinischer, psychologischer oder therapeutischer Ratgeber verstanden werden.

Umwelthinweis:
Alle bedruckten Materialien dieses Taschenbuches
sind chlorfrei und umweltfreundlich.
Das Papier enthält bereits Recycling-Anteile.

Der Goldmann Verlag
ist ein Unternehmen der Verlagsgruppe Bertelsmann

Made in Germany · 1. Auflage · 2/93
© 1988 by Wabun Wind und Anderson Reed
© der deutschsprachigen Ausgabe 1989
by Wilhelm Goldmann Verlag, München
Umschlaggestaltung: Design Team München
Umschlagfoto: Pretzl, München
Druck: Elsnerdruck, Berlin
Verlagsnummer: 12194
Redaktion: Ursula Walther
Lektorat: Diane von Weltzien
Ba · Herstellung: Sebastian Strohmaier
ISBN 3-442-12194-9

Inhalt

In Dankbarkeit für Shawnodese, Sun Bear und Robert B. E. James für ihre beständige Liebe, für ihre Unterstützung und ihr Wissen.

WABUN WIND

In Liebe und Dankbarkeit für meine Großmutter Eva, die mich das erste schwierige Wort lehrte – Gegenseitigkeit. In Liebe und Dankbarkeit für alle meine Lehrer und für meine Familie, besonders Mutter, Pop, Jońny, Derek und Emily.

ANDERSON REED

Danksagung

Über die Jahre haben uns viele Wesen geholfen, bis wir bereit waren, *Lichtsaat* zu schreiben. Einige besaßen eine menschliche Gestalt, andere stammten aus dem Reich der Erde oder aus anderen Reichen. Wir danken ihnen allen.

Bei der eigentlichen Forschung und Arbeit für *Lichtsaat* haben uns viele Menschen unterstützt, die wir hier würdigen möchten. Es sind: Jack Morrison; T. K. Newcomb; Deborah Wolf; Jeanne L. Harrison; Philip Barstow; Anna Massey; Holly Ratliff Klein; William W. Besse und Rock Currier von Jewel Tunnel Imports, Arcadia, Kalifornien; Mike Szalaj, Mike's Minerals, Youngstown, Ohio; Candace Smith, Garland of Letters Books, Philadelphia, Pennsylvania; Dr. George Harlow, American Museum of Natural History, New York City; Dr. John Sampson White, Smithsonian Institution, Washington, D. C.; Dr. John W. Sherman, Philadelphia Academy of Natural Sciences, Philadelphia, Pennsylvania; Fr. Renz, Philadelphia Archdiocese.

Die Autoren sind auch der University of Pennsylvania und dem Swarthmore College, deren Büchereien wir benutzen durften, zu Dank verpflichtet.

Außerdem möchten wir Sun Bear und seinem weltweiten Netzwerk von Schülern für ihre Hilfe danken. Besonderer Dank gilt Mary Bogan, Judith Truthstone Brigham, Betsy Brown, Page Bright Bear Woman Bryant, Jude Davis, Karen Kelley, Colleen

Kelley, Anita Moloney, Morning Star of Texas, Gwen Oaks, Nancy O'Donahue, Laura West und Sheila (Crysalis) Mulligan, die uns beständig mit Informationen versorgten. Unser Dank gilt auch Annu, der Direktorin des Feminist Wicca Catalog; Sue Powell aus New York; Laughing Otter aus Sacramento; John Leal aus Los Angeles; Morning Star of Montana; Joy Olsen aus Chicago; Peter Nufer aus Los Angeles; Phyllis Witherspoon aus Los Angeles; Rev. Barbara Schneider vom Questions and Answers Shop in Pembroke Pines, Florida; Joyce Rainbow und dem verstorbenen Richard Rainbow; der verstorbenen Evelyn Eaton (Mahad'yuni). Wir danken auch all jenen, die heute beim Gebrauch von Kristallen Pionierarbeit leisten; vor allem OhShinnah Fastwolf, Harley Swift Deer, Marcel Vogel und Edgar Cayce. Besonderer Dank gilt der Frau, die Wabun bei der Rainbow Crystal Healing Ceremony den Kristall schenkte, der so viel mit *Lichtsaat* zu tun hat.

Wir wollen auch William Thompson und Andrew DeSalvo von der Prentice Hall Press für ihre Hilfe bei diesem Buch danken.

Zum Schluß ein ganz besonderer Dank an all jene, die großzügig ihre Erfahrungen aus der Arbeit mit Kristallen mit uns teilten. Sie sind mit Informationen über ihre Arbeit am Ende des Buches aufgeführt.

Und zuletzt und ganz besonders danken wir allen Kristallen, die zu uns gekommen sind, die mit uns gearbeitet und uns ihr Wissen gelehrt haben. Ihr seid wundervolle Saatkörner des Lichtes, die uns an unsere tiefe, beständige Verbindung zur Erde und der ganzen Schöpfung erinnern.

Denn das wissen wir:
Die Erde gehört nicht den Menschen – der Mensch gehört zur Erde.
Das wissen wir.
Alles ist miteinander verbunden, wie das Blut, das eine Familie vereint.
Alles ist verbunden.
Was die Erde befällt, befällt auch die Söhne und Töchter der Erde. Der Mensch schuf nicht das Gewebe des Lebens, er ist darin nur eine Faser.
Was immer ihr dem Gewebe antut, das tut ihr euch selber an.

Häuptling Seattle. 1853.

Vorwort: Unsere Kristallreisen

Wabuns Reise

Kristalle sind seit mehr als einem Dutzend Jahren meine Werkzeuge und Helfer. Sie gehören genau wie meine morgendliche Dusche zu meinem täglichen Leben. Das war nicht immer so, und gewiß nicht Anfang 1971; damals lebte ich als freie Autorin in New York. Im August jenes Jahres begegnete ich Sun Bear, einem spirituellen Lehrer und Heiler vom Stamm der Chippewa. Diese Begegnung veränderte mein Leben. 1972 wurde ich Sun Bears Schülerin und Medizinhelferin.

Als ich in Bear Tribe – in eine Medizingesellschaft, in der sowohl Indianer als auch Nichtindianer Mitglieder sind und die ihr Wirken der Harmonie mit der Erde und allen existierenden Wesen gewidmet hat – aufgenommen wurde, zeigte mir Sun Bear das Medizinbündel des Stammes. Dieses Bündel enthielt einen Kristall, den Sun Bear in der Nähe des Ortes, an dem Bear Tribe gegründet worden war, von der Erde empfangen hatte.

Dieser Kristall gab dem Sitz der Gesellschaft den Namen: Medicine Rock.

In dem Bündel befand sich noch ein zweiter Kristall, der wegen seiner zahllosen Einschlüsse aussah, als würde ein Feuer in seinem Innern brennen, und der die Kräfte des Feuers und des Eises verkörperte. Ich hatte schon früher Kristalle gesehen, aber ich hatte ihre Bedeutung nie wirklich zur Kenntnis genommen; ebensowenig hatte ich der Natur im ganzen besondere Beachtung geschenkt.

Ich bin in New Jersey und Pennsylvania aufgewachsen. Später lebte ich in Washington, D. C., und in New York. Ich schätzte zwar die Schönheiten der Natur, aber ich betrachtete sie wie ein schönes Gemälde: als hübsches Beiwerk zu den wichtigeren Belangen der Menschheit. Wie so viele Leute in unserer modernen Gesellschaft trug ich Scheuklappen, die mich daran hinderten, die Schwingungen der Erde wahrzunehmen und zu spüren.

Diese Scheuklappen legte ich rasch ab, als meine Lehrzeit bei Sun Bear begann. Ich lernte – jedenfalls soweit es mein logischer Verstand, der noch die Oberhand behalten wollte, zuließ – die Lebendigkeit der ganzen Natur zu sehen und mit meinem Wesen zu erfassen, und ich erkannte, daß ich ein Teil jenes großen Lebenskreises war, von dem Sun Bear und andere Indianer immer sprachen. Es war eine wundervolle Erfahrung, als ich fühlte, daß ich ein Teil dieses Kreises bin und nicht nur eine Beobachterin, die keine Pflichten hat.

Wenn Indianer von diesem heiligen Kreis sprechen, dann meinen sie damit, daß wir Menschen innig mit allem anderen Leben auf dieser Erde verbunden sind und die Verantwortung für alles Lebendige tragen. Indianer betrachten die Existenz in einem größeren Zusammenhang als die meisten Menschen; sie kennen vier physische Königreiche der Erde. Das erste Königreich ist das der Urelemente: Erde, Wasser, Feuer und Luft. Diese Elemente sind die Grundlage für alles Existierende und die unabhängigsten Lebensformen. Sie können für sich und ohne Hilfe eines anderen Königreiches existieren. Kristalle und alle anderen Steine und Mineralien sind Teile dieses elementaren Reiches.

Das zweite Königreich ist das der Pflanzenwesen: die Gräser, Bäume, Kräuter, Blumen, Gemüse und die Pflanzen im Meer. Das Pflanzenreich kann, im Gegensatz zum Mineralreich, nicht eigenständig existieren. Pflanzen können nicht ohne Hilfe und Unterstützung der Elemente leben.

Das dritte Königreich ist das der Tiere: die Kriechtiere, die schwimmenden Tiere, die Vierbeiner und die geflügelten Tiere. Das

Tierreich ist noch abhängiger als das Pflanzenreich, weil die Tiere ohne Elemente und Pflanzen nicht existieren können.

Die Menschen sind Bewohner des vierten Königreichs. Wir sind die unselbständigsten aller Wesen. Ohne die drei anderen Königreiche könnten wir nicht überleben. Denken Sie bitte einen Augenblick an den Kreis des Lebens. Die Elemente schenken uns die Lebensgrundlage: die Erde, auf der wir gehen und in der wir unsere Nutzpflanzen anbauen; das Wasser, aus dem unser Körper zu sechzig bis siebzig Prozent besteht; das Feuer, mit dem wir unser Essen kochen und unser Haus heizen; die Luft, die wir atmen. Die Minerale bieten uns in verschiedenen Mischungen Material, mit dem wir unsere Häuser bauen, Metall für unsere Werkzeuge und Edelsteine zum Schmücken und Heilen.

Das Pflanzenreich gibt uns die Nahrung, Holz für Feuer und zum Hausbau, die Kräuter, die uns stärken und heilen, und die Schönheit der Blumen.

Aus dem Tierreich erhalten wir Essen und Kleidung. Wenn wir Vegetarier sind, schenken die Tiere uns immer noch ihre Melodien, ihre Gesellschaft, und sie regen uns zu Taten an.

Die Indianer waren sich schon immer im klaren, daß sie aus diesem Kreis des Lebens nichts nehmen können, ohne zum Ausgleich etwas zu geben. Dank ihrer allumfassenden Sicht des Lebens wußten sie, daß ihre Energie das Gegengeschenk war. Sie haben erfahren, daß sie selbst wie der Schöpfer die Gabe der Vision besaßen und die Fähigkeit hatten, ihre Visionen auf der Erde Wirklichkeit werden zu lassen. Sie haben eingesehen, daß sie den anderen Wesen, die mit ihnen die Erde bewohnen, etwas abgeben mußten. Sie wußten, daß ihre Augen Energie verströmten, wenn sie einen Teil der Natur betrachteten. Zeitgenössische Wissenschaftler haben entdeckt, daß Pflanzen besonders gut gedeihen, wenn Menschen sie liebevoll beachten und mit ihnen sprechen. Die Indianer spürten, daß ihre Stimmen Energie erzeugten, wenn sie sangen oder beteten. Sie waren sich bewußt, daß Gefühle und Gedanken Energien sind, die andere Wesen aufnehmen. Sie wußten, daß ihr Körper Energie ausstrahlte, wenn sie sich liebten oder wenn sie tanzten.

Die Indianer feierten Zeremonien, um andere Existenzen des Lebenskreises zu ehren. Einige dieser Zeremonien werden heute noch abgehalten. Die Pueblo-Indianer kennen den Tanz des Grünen Maises; sie danken dem Mais und bitten ihn zu reifen. Sie kennen Hirschtänze, mit denen sie dem Hirschvolk für das Fleisch danken, und sie feiern ein Erdbeerfest, um den Erdbeeren für ihr Wachstum zu danken. Viele amerikanische Indianer feiern auch Zeremonien zu Ehren des Mondes, Feuerzeremonien als Dank für das Feuer, und sie tanzen Regentänze und bitten um Regen oder danken für den Regen. Bei den Festen der Gallup-Indianer in New Mexico werden die Regentänze immer zuletzt getanzt, weil bald nach Beendigung der Feiern in der Wüste die Regenzeit anbricht.

Die Europäer haben die Handlungsweise der Indianer nie richtig verstanden. Sie dachten, daß ein Indianer, der die heilige Energie in einem Baum anrief, bevor er ihn fällte, einen Gott anbeten würde. Niemand hat die Indianer gebeten, ihre Lehren zu erklären, und deshalb entstanden Mißverständnisse und Vorurteile.

Viele von uns – die Nachkommen logisch denkender Menschen – hegen heute noch diese Vorurteile und ziehen falsche Schlüsse. Deshalb gibt es so viele Menschen, die aus dem heiligen Kreis des Lebens getreten sind. Ich selbst war genauso, bis ich mit der Philosophie der Indianer in Berührung kam. Meine Denkart behinderte mich, zu empfinden und die Produktivität zu genießen. Die Lebenseinstellung, die ich heute kenne, hat mir sehr geholfen.

Als ich meinen Anteil am heiligen Kreis anerkannte, wurde mir auch klar, daß Kristalle ein wichtiger Bestandteil meines Lebens waren. Nachdem man mir die Kristalle des Bear Tribe gezeigt hatte, entdeckte ich, daß viele Menschen Kristalle besaßen und sie in ihren Häusern aufbewahrten. Mein erster eigener Kristall half mir, die emotionalen Ungleichgewichte bei Menschen zu erkennen, die auf Heilung durch homöopathische Blütenessenzen hofften. Ein kanadischer Heiler schenkte mir den Kristall und ein Kristallpendel und unterwies mich in ihrem Gebrauch. Ich konnte kaum glauben, daß zwei Stücke Quarz den emotionalen Zustand eines Menschen besser diagnostizieren konnten, als ich selbst mit meiner Intelligenz es vermochte. Ich lehnte diese Art der Diagnose jahrelang ab, und mein rationaler Verstand führte insgeheim einen Wettkampf mit der Kristall- oder Pendeldiagnose. Die Arbeit mit den Kristallen hat gesiegt. Ich werde diese Diagnosemethode im Kapitel 5 näher erläutern.

Mein zweiter Kristall war ein Geschenk von Sun Bear, und ich trug ihn eine ganze Weile mit mir herum, bis ich verstand, was ich damit anfangen konnte. Zu jener Zeit begann ich – manchmal mit Sun Bear zusammen – Vorträge zu halten. Das Publikum war sehr gemischt: metaphysisch Interessierte und viele andere Menschen hörten uns zu. Irgendwann begann ich, den Kristall vor mir auf das Pult zu legen. Wenn ich ein mir wohlgesinntes Publikum hatte und die Spitze des Kristalls auf mich gerichtet war, fühlte ich mich gestärkt. Wenn die Zuhörer negativ eingestellt waren, war ich irgendwie dieser Negativität ausgeliefert, sobald ich die Spitze auf mich richtete. Wenn ich den Kristall auf eine problematische Gruppe richtete, konnte ich mir besser Gehör verschaffen und die Menschen trotz der Ablehnung erreichen. Durch diese Erkenntnis erfuhr mein logischer Verstand eine große Erschütterung, und ich konnte kaum glauben, was sich da abspielte.

Als ich meinen dritten Kristall bekam, wurde ich allmählich zu einer widerspenstigen Gläubigen. Ich konnte die Ergebnisse, die ich erzielte, weder beweisen noch erklären, aber meine Erfahrungen mit den ersten beiden Kristallen zwangen mich zu der Einsicht, daß den Kristallen Kräfte eigen sind. Während meiner Lehrzeit bei Sun Bear erfuhr ich viel über den Kreis des Lebens, und gleichzeitig mußte ich immer mehr Abstriche machen: Alles, was ich bis dahin gelernt hatte, wurde plötzlich in Frage gestellt. Ich bewundere heute noch die Geduld, die Sun Bear und meine anderen Lehrer, menschliche und andere Wesen, bei der Arbeit mit mir zeigten. Ich war entschlossen, die Dinge in Begriffen der Logik zu sehen; doch meine Intuition wurde jeden Tag stärker, obwohl ich während der ganzen Zeit gegen sie ankämpfte.

Im siebten Jahr meiner Lehrzeit erhielt ich den dritten Kristall. Eine Ahnin, die inzwischen ins Reich der Geister übergegangen ist, rief mich allein an einen heiligen Ort. Als wir beide auf einem Felsen standen, der dem Mond geweiht war, schenkte sie mir einen Kristall. Es war einer ihrer Heilkristalle. Ihre genauen, mit sanften

Worten vorgebrachten Anweisungen für den Gebrauch des Kristalls machten mir den Wert der Mineralien erst richtig klar. Großmutter Mahad'yuni (Evelyn Eaton) war in diesem Augenblick wie bei vielen anderen Gelegenheiten sehr freundlich zu mir. Sie wob ihre Weisheit, ihre Vision und ihre tiefe Liebe für die ganze Schöpfung wie Saiten aus goldenem Licht durch den Kreis meines Lebens. Sie half mir, klar zu erkennen, wer ich war, wer ich werden konnte und wohin ich gehörte. Der Kristall, den Großmutter Eaton mir gab, ist wundervoll und klar. Er kann heilen, hat eine beruhigende Wirkung und wird für Zeremonien und zum Sehen benutzt.

Etwa zur gleichen Zeit begann ich, Seminare über die Rainbow Healing Visualization zu halten, die ich von Richard und Joyce Rainbow gelernt hatte. Ich kam auf die Idee, bei den Sitzungen einen Kristall zu benutzen, und merkte rasch, daß er die Visualisierung förderte und gewaltige Kräfte entwickelte. Zuerst benutzte ich den Kristall, den Sun Bear mir gegeben hatte. Immer mehr Leute kamen zu meinem Meditationskreis, besonders, als der Bear Tribe die Medicine Wheel Gatherings zu unterstützen begann. Bei einer Versammlung in Nordkalifornien schenkte mir eine Frau einen sehr großen, klaren Kristall, der, wie ihr gesagt worden war, beim Rainbow Healing benutzt werden sollte. Dies war mein vierter Kristall, und seit 1983 haben dieser Kristall und ich Tausende Menschen in die Rainbow-Meditation eingeführt, die heute Rainbow Crystal Healing Ceremony heißt. Durch diese Methode können Menschen lernen, der Erde und allen ihren Kindern Energie zurückzugeben. Sie wird in Kapitel 7 näher erläutert.

Über die Jahre sind viele Kristalle in mein Leben gekommen und wieder gegangen. Oft habe ich das Glück, sie geschenkt zu bekommen, und ebenso oft freue ich mich, Kristalle fortzugeben. Wenn ich einen Kristall erhalte, trage ich ihn meist eine ganze Weile bei mir, bis ich herausfinde, welche Kraft ihm innewohnt und ob er bei mir bleiben oder zu jemand anderem gehören will. Vielleicht lerne ich nur langsam, vielleicht bin ich übermäßig vorsichtig, aber ich glaube, es liegt große Weisheit in dem Indianerwort: »Man kann die Heilung nicht erzwingen.«

Meine vier Kristalle waren für mich die wichtigsten Lehrer aus dem Mineralreich, aber ich erhielt auch Lektionen von Menschen. Ich versuchte, meinen Blick zu öffnen und das Leben mit anderen Augen zu betrachten, und ich war bereit, die vielen Theorien, die ich über Kristalle gehört hatte, zu überprüfen. Ich habe Kristalle in unseren Gärten vergraben, sie der Erde als Opfer und Geschenk dargebracht. Ich habe versucht, mit ihrer Hilfe mit weit entfernten Menschen und Geistern Kontakt aufzunehmen, und mir selbst Kristalle gesucht. Ich benutzte sie als Mittelpunkte von Medizinrädern und als Hilfe bei anderen Zeremonien. Bei Heilungen vertraute ich oft auf die unterstützende Wirkung der Kristalle. Aber auch an mir selbst habe ich die Kräfte der Kristalle erprobt, und später gab ich meine Erfahrungen weiter. Ich legte die Mineralien in mein Bett, hatte sie während meiner Reisen bei mir, bewahrte sie an besonderen Plätzen in meinem Haus auf und trug sie bei mir. Die schönsten persönlichen Erfolge hatte ich mit klaren Kristallen und Amethystkristallen.

Ganz allgemein waren meine Erfahrungen mit Kristallen meist positiv, aber manchmal bedrückten sie mich auch. Ich werde nervös, wenn ich in der Nähe vieler Kristalle bin. In den Kristallminen, die ich in Arkansas besuchte, hatte ich das Gefühl, daß die Kristalle vergewaltigt wurden. »Kristallzoos«, Kristalle, die nur zusammengetragen werden, weil der Besitzer seine Sammelleidenschaft befriedigen will, widern mich an.

In diesem Buch möchte ich – ebenso wie in vielen meiner anderen Arbeiten – meine Erfahrungen weitergeben, die ich im Laufe der Jahre gesammelt habe. Anderson Reed half mir bei den Recherchen für dieses Buch und beim Verfassen des Textes. Wir lernten uns 1985 in Hawaii kennen. Obwohl unser metaphysischer Hintergrund sehr unterschiedlich ist, besteht zwischen uns eine kaum erklärbare, aber dennoch starke Verbindung, die sich durch unsere Arbeit und unser Leben zieht. Ich entschied mich für Reed als Co-Autor, weil ich das Gefühl hatte, daß »Die Macht der heiligen Steine« aufgrund unserer metaphysischen Unterschiede ein besser ausbalanciertes Buch werden würde.

Ich will an dieser Stelle betonen – und wir werden es im Buch mehrmals wiederholen –, daß unsere Erfahrungen mit Kristallen ausschließlich persönlicher Natur sind und nicht unbedingt den Ihren entsprechen müssen; nicht einmal dann, wenn Sie die Übungen, die wir hier beschreiben, exakt wiederholen. Genau wie es keine zwei gleichen Blätter oder Schneeflocken oder Kristalle gibt, wird man auch nie zwei Menschen finden, die sich völlig gleich sind. In alles, was Sie tun, fließen ihre eigenen Erfahrungen und Ansichten ein. Bei der Arbeit mit Kristallen bleibt viel Raum für individuelle Erfahrungen.

Einige Aspekte der augenblicklichen Beliebtheit von Kristallen gefallen mir zwar, aber andere erschrecken mich. Ein plötzlich berühmt gewordener Mensch läuft ja auch Gefahr, daß er seine tiefere Identität verliert und daß sein Werk durch den Ruhm zerstört wird, und das gleiche Schicksal könnte diese wunderschönen, hilfreichen und anmutigen Vertreter des Mineralreiches bedrohen.

In diesem Buch werden wir immer wieder dazu raten, die Kristalle ganz bewußt als Teile des Lebenskreises zu betrachten; sie verdienen die gleiche Achtung wie alles Leben.

Durch die Indianer habe ich erfahren, wie überheblich sich die Menschen der wunderbaren Schöpfung gegenüber verhalten.

Zeremonien sind meiner Ansicht nach wichtig, um den anderen Teilen des Lebenskreises Energie zu spenden; und doch antworten mir die Leute, wenn ich ihnen etwas darüber erzähle und sie frage, warum sie Zeremonien durchführen wollen, immer wieder: »Weil sie mir mehr Kraft geben.« Das ist die falsche Motivation. Wenn man eine Zeremonie nur abhält, um selbst Kraft zu schöpfen, dann nimmt man dem heiligen Kreis etwas weg, statt ihm etwas zu schenken. Ich erlebe oft, daß Menschen ihre Kristalle nur benutzen, um Macht über andere Menschen oder die Natur zu gewinnen. Diesen Menschen fehlen die wichtigsten Erkenntnisse über die Arbeit mit Kristallen, und sie wissen nicht, was uns die Kristalle lehren können.

Genau wie meine indianischen Lehrer ist die Erde sehr geduldig mit denen unter uns, die nur langsam lernen. Ab und zu eröffnet uns die Natur einen neuen Weg, und wir erfahren neue Weisheit. Manchen Menschen vermitteln Kristalle diese Weisheit. Kristalle können uns helfen, uns selbst und andere Wesen im Kreis des Lebens zu heilen – vorausgesetzt, wir gehen demütig und voller Achtung mit ihnen um.

Möge Ihnen dieses Buch helfen, Ihren Platz im heiligen Kreis zu finden.

Reeds Reise

Die Kristalle kamen zu mir, ich habe sie nicht gesucht. Ich erlebte einen dieser eigenartigen Augenblicke voller Vertrauen, in denen sich uns die Geheimnisse des Lebens offenbaren, um uns der Erleuchtung näher zu bringen oder auch nur um uns zu erfreuen. Wir können diese Augenblicke als großes Geschenk annehmen oder auch ungenutzt verstreichen lassen.

Als ich eines Tages im Wald spazierenging, erregte ein Stein meine Aufmerksamkeit. Ich spürte, daß er bei mir sein wollte und hob ihn auf. Es war ein milchigweißes Stück Quarzkristall, das wie eine Pfeilspitze geformt war. Dieser Kristall zeigte sich mir, kurz nachdem ich mich von der Zauberei abgewandt und für das Schamanentum entschieden hatte.

Obwohl ich viele Freunde hatte, verlief meine zweiundzwanzigjährige spirituelle Forschung im Gegensatz zu Wabuns Weg ohne irdische Lehrer. Meine Arbeit als Medium begann 1966. Ich stand an einem Fenster in Manhattan und wurde plötzlich aus meinem Körper geschleudert und flog durch den Himmel. Mein Geist erhob sich geradewegs in den Himmel, und ich hatte das überwältigende Gefühl, ein schrecklich schweres Gewicht losgeworden zu sein. Zum erstenmal in diesem Leben war ich von etwas befreit, von dem ich gar nicht bemerkt hatte, wie sehr es mich bedrückt hatte. Die Begeisterung, daß ich durch den Himmel schwebte, während mein Körper aus einem Fenster zusah, war so überwältigend, daß ich mich heute frage, wie ich es geschafft habe, in meinen Körper zurückzukehren.

Ich konnte mir die Ereignisse auch dann nicht mit meinem Verstand erklären, als ich einige Stunden später erfuhr, daß ein Freund plötzlich gestorben war. Meine Erfahrung fiel mit dem Augenblick seines Todes, der gewaltsam herbeigeführt worden war, zusammen.

Zwei Wochen später wiederholte sich das Erlebnis auf ganz ähnliche Weise. Abermals erfuhr ich vom Tod eines Freundes, und auch dieser Tod war plötzlich eingetreten. Dieser zweite Todesfall brachte mich auf den Gedanken, daß meine spirituelle Reise eine todesähnliche Erfahrung gewesen sein mußte. Diese Erkenntnis schreckte mich jedoch nicht ab, und rückblickend frage ich mich, warum ich mich nicht fürchtete. Das Leben ohne Körper war phantastisch, das Leben im Körper hingegen bedeutete Gefangenschaft.

Bei diesen Erlebnissen offenbarte sich mir eine Vollkommenheit, die auch schon andere Menschen beschrieben haben. Kurz darauf erfuhr ich von einem Freund, der die Grundbegriffe kannte, was bei einer Séance passiert. Nach dieser Einführung widmete ich mich voller Hingabe der Kommunikation mit der Natur. Ich sah keine Schwierigkeiten, weil ich mir nicht vorstellen konnte, daß ich Schaden erleiden könnte. Ich hielt fast jeden Tag Séancen ab.

Heute frage ich mich oft, wie viele Schutzengel ich in jenen Tagen hatte, in denen ich mich mit so dummen und gefährlichen Dingen beschäftigte. Ich benutzte ein Ouija-Brett, gewiß das primitivste Hilfsmittel eines Mediums. Das Ouija-Brett lockt meist niedrig stehende Geister an, gewöhnlich tote Menschen, die keine Weisheiten mitteilen können. Sie sind einfach nur tot und wissen nicht, daß sie eigentlich weiterziehen müßten. Sie treiben sich weiter herum, weil die Menschen ihnen solche Dinge wie Ouija-Bretter als Spielwiese anbieten.

Ich schöpfte Kraft und Erfahrungen aus der Freundschaft zu einer alten Frau, die vielfältige und ganz verschiedenartige spirituelle Erlebnisse hatte. Die Art unseres Kennenlernens gefiel mir sehr: Ich begegnete ihr bei einer Séance. Ihr Geist nahm während einer Sitzung Kontakt mit mir auf, und sie nannte mir ihren Namen und ihre Adresse. Sie lebte in New York, direkt auf der anderen Seite des Central Parks. Als ich sie besuchte, voller Zuversicht, daß ihr Wachbewußtsein sich erinnern würde, mich eingeladen zu haben, war ich schockiert. Ich fand sie nach einem Schlaganfall halb gelähmt; eine Krankenschwester, die nur wenig Englisch sprach, kümmerte sich um sie. Als ich von der Séance erzählte, war die Krankenschwester alles andere als begeistert, aber sie erklärte ihrer Patientin schließlich, warum ich gekommen war, und die alte Frau winkte mich an ihr Bett. Ich entschuldigte mich für meine Aufdringlichkeit, versicherte ihr, daß ich auf ihren eigenen Wunsch gekommen sei, und berichtete ihr von der Séance.

Das war der Beginn einer seltsamen Freundschaft. Mercedes de Acosta war eine spirituelle Einzelgängerin – ganz ähnlich wie ich selbst –, und sie half mir, meinen Weg zu finden, und riet mir ab, das weiterzuverfolgen, was mich im Moment beschäftigte.

Sie hörte mir zu, als ich von meinen Erfahrungen über Gedankenlesen und von meinen außerkörperlichen Erlebnissen erzählte, und sie war so weise, mir nicht zu sagen, welche meiner Handlungen gut oder schlecht waren. Sie konnte nur mit Mühe sprechen, aber ihr Gesichtsausddruck verriet, daß sie meine Worte genau verstand; ich glaube, sie teilte mir ihre Gedanken auf telepathischem Weg mit, während sie äußerlich mit ihrer Mimik auf meine Erzählung reagierte. Soweit ich mich erinnere, erwies ich ihr nur ein einziges Mal einen Dienst: Ich holte am Palmsonntag von einem Verkäufer vor der St. Catherine's Church für sie einen Palmzweig. Ich war und bin der organisierten Religion nicht besonders zugetan, aber in dieser Kirche begegnete ich einem Teil von mir selbst. Ich konnte nicht anders, als die Hand in das Weihwasser zu tauchen – an dessen Wirkung ich keineswegs glaubte. Doch eine Art Stromschlag lief mir durch den Arm, und Wärme breitete sich in meinem ganzen Körper aus. Ich hatte das Gefühl, etwas sehr Altes berührt zu haben, etwas, das mit der herkömmlichen Religion nichts zu tun hatte. Es war eine wirkliche, physische Berührung mit jenem Reich, aus dem wir alle kommen.

Mercedes de Acosta hörte sich bis zu ihrem Tode meine Geschichten an und nickte nur dazu. Im Grunde kann ein älterer Mensch für einen Anfänger auch nicht mehr tun, wenn er sich dem Lernenden nicht in den Weg stellen will.

Nachdem ich mich zu einer Veränderung entschieden hatte – es war weniger eine bewußte Wahl als ein Erkennen –, beschäftigte ich mich mit den üblichen esoterischen Möglichkeiten. Ich las Bücher und beschäftigte mich mit Tarot, Astrologie und allem anderen, was mich interessierte. Menschliche Lehrer habe ich immer gemieden, weil man die energetischen Verbindungen zwischen ihnen und ihrer Arbeit oft nicht erkennen kann. Häufig scheinen sie gar nicht zu verstehen, was sich in ihrer Umgebung manifestiert. Die Manifestationen höherer Reiche sind dem Schüler zugänglich, denn der Schüler ist gewöhnlich der Grund dafür, daß der Weise überhaupt da ist. Die inspirierende Gegenwart unseres eigenen höheren Selbst und der höheren Wesen, die mit den erdgebundenen Individuen arbeiten, offenbart sich dem Lehrer nicht immer, und die meisten Lehrer sind nicht besonders begeistert, wenn sich ein höheres Wesen an den Schüler und nicht an sie selbst wendet.

Ich spreche hier nicht über das Channeling, das in Trance stattfindet; ich habe vielmehr festgestellt, daß Medien völlig bewußt arbeiten. Die Lehrer aus höheren Reichen tun seit Urzeiten ihre Arbeit auf der Erde, ohne andere Wesen miteinzubeziehen, und ich kann mir nicht vorstellen, daß ein echter spiritueller Meister bestrebt sein kann, sich in einen direkten Kontakt einzuschalten.

Es gibt starke Kräfte, die mit unseren Sinnen nicht wahrzunehmen sind und sich wünschen, benutzt zu werden. Diese Kräfte offenbaren sich den Menschen individuell verschieden, und kein Lehrer dieser Welt kann als Vermittler fungieren. Wenn er es dennoch versucht, wirkt er aber wie ein Hindernis, das sowohl den Schüler als auch die Wesenheit aus dem höheren Reich hemmen kann. Das spirituelle Wesen offenbart sich meist direkt dem Suchenden, wenn er bereit ist, die Lehre aufzunehmen, oder wenn er Hilfe braucht.

Die menschlichen Lehrer unserer Gesellschaft bringen uns oft lineares Denken bei, aber genau das ist in der Metaphysik von geringer Bedeutung, denn dadurch wird Information und keine Weisheit vermittelt. Ich glaube zwar auch nicht, daß wir unser Ziel erreichen können, ohne Fragen zu stellen, aber niemand kann uns den Weg zur Erkenntnis vorschreiben – wir müssen aus freien Stücken handeln. Ich kann am meisten erreichen, wenn ich nicht angeleitet werde, unabhängig und allein bin.

In den Jahren nach meiner Einführung lernte ich am meisten durch Experimentieren und behielt meine Gedanken für mich. Ich erkannte bald, daß das Massenbewußtsein eine Behinderung für mich darstellte, und ging deshalb nicht mehr zu Partys oder ins Kino. Ich besitze bis heute keinen Fernseher, weil ich glaube, daß man vom Lärm, den die Menschheit verursacht, nichts lernen kann.

Ich arbeitete und schwieg mich über mein Innenleben aus, denn ich spürte, daß es sinnlos war, über meine Versuche zu sprechen. Etwa zehn Jahre nach meinen ersten spirituellen Erfahrungen hatte ich ein weiteres Erlebnis, das mir die Richtung, die ich einschlagen sollte, wies. Ich ging mit dem Hund eines Freundes im Wald spazieren. Der Hund lief vor mir her, und ich jagte ihn. Meine Sandale blieb an einer Wurzel hängen, und ich stürzte. Ein Adrenalinstoß unterdrückte meine Angst und ich fragte mich, ob ich mit dem Kopf zuerst auf den Boden aufschlagen würde. Kurz vor dem Aufprall fing mich etwas auf und stellte mich sacht wieder auf die Füße. Ich erinnere mich noch genau an diesen Moment, und ich hoffe, ich habe damals nicht vergessen, mich bei dem guten Geist, der mich vor einer Verletzung bewahrte, zu bedanken.

Ich verbrachte immer mehr Zeit im Wald, und meine Orientierung wechselte vom Oben zum Hier. Die konzentrierte Hinwendung zu den weit entfernten, höheren Reichen oder Orten stellt den Suchenden vor große Probleme. Schließlich begriff ich, daß viele Geister hier auf der Erde leben und daß sie uns nicht nur Besuche aus einer anderen Wirklichkeit abstatten. Ich verstand plötzlich, wieviel Magie die Erkenntnis in sich birgt, daß das Leben im Hier nur eine zeitlich begrenzte Lehrzeit ist, die uns weiterführen soll und uns Erfahrungen bietet. Meistens lernen wir in diesem Leben durch Schmerzen, Entbehrung und persönliche Opfer.

Einmal arbeitete ich mit einem Lehrer, einem Schamanen und Anthropologen, dessen umfassendes Wissen über die schamanische Sicht mir eine neue Welt erschloß. Ich staunte über die australischen und sibirischen Techniken, die fast exakt dem entsprachen, was ich selbst als Heilmethode oder bei Weissagungen für richtig gehalten und als eigene Entdeckung empfunden hatte. Durch den Schamanismus, durch die Arbeit als Medium und durch den unvermeidlichen Kampf mit den dunklen Kräften, die so eifrig versuchen, die Welt zu erobern, erfuhr ich eine Menge über Kristalle.

Die Kristalle selbst sagen mir, für welchen Zweck sie benutzt werden wollen. Da ich Hochachtung vor der Natur hege und seit langem um die mächtigen Energien, die uns umgeben, weiß, stößt mich die Vorstellung, einem Kristall etwas aufzuzwingen, ab. Ich denke viel eher, daß jeder Kristall seine Energien selbst am besten einsetzen kann. Ich kann ihn ebensowenig zu etwas zwingen, wie ich einem Baum sein Verhalten vorschreiben kann.

Nach dem Tag, an dem sich mir die kristallene Pfeilspitze offenbarte, traten noch weitere Kristalle in mein Leben. Einige habe ich sogar gekauft – ich halte das nicht für falsch, solange der Kauf von einer bewußten Absicht und spiritueller Bewußtheit durchdrungen ist.

Meine Arbeit mit Kristallen verlangt auch, daß ich sie beschütze. Steine sind genauso hilflos wie Pflanzen und Tiere der menschlichen Gier ausgesetzt: Immer wenn der Mensch etwas entdeckt, für das er sich interessiert, eignet er es sich an und mißbraucht es mitunter.

Die Kristalle helfen mir, die spirituelle Atmosphäre meines Hauses so sauber wie möglich zu halten. Das ist für mich und die Menschen, die zu Beratungen zu mir kommen, sehr wichtig. In dem Zimmer, in dem ich die Hilfesuchenden empfange, stehen Pflanzen neben Kristallen – diese Kombination ist sowohl für das Mineral als auch für die Pflanze nur natürlich. Wenn ein Klient eine Störung hat, von der ich glaube, daß er sie ohne großen Eingriff und ohne Hilfe eines Arztes ausbalancieren kann, lege ich ihm oft einen Rauchquarz in die rechte Hand, während ich an dem Problem arbeite. Der dunkle Rauchkristall hilft, Energieblockaden aufzulösen, oder er stimuliert den Klienten, jene Gedanken, Gefühle oder Bewußtseinszustände, die ihn belasten, loszulassen.

Ich schlafe oft mit einem durchsichtigen Kristall in der linken Hand, denn ich glaube, daß meine außerkörperlichen Erfahrungen dann stärker sind. Ich meine damit nicht, daß meine Erinnerung besser ist, sondern daß ich im Schlaf andere Dinge erlebe. Ich glaube, daß die Medien, die Dinge knapp jenseits der normalen menschlichen Sicht und jenseits des normalen Gehörs wahrnehmen können, sich im Schlaf oft zu eng an das menschliche Dasein halten und sich mit »Realitäten« beschäftigen, während es doch schönere Erfahrungen gibt, die sie machen könnten; es gibt Besseres zu tun, als die verbrauchten Energien der Nachbarn aufzufangen. Ein Medium stimmt sich oft auf andere Menschen ein, statt das zu tun, was seine Aufgabe ist. Ein durchsichtiger Quarzkristall, den man im Schlaf in der linken Hand hält, hilft, andere Dimensionen zu erreichen. Wenn ich mich physisch krank fühle, halte ich einen Amethystkristall in der linken Hand oder einen Rauchquarz in der rechten. Bei emotionaler Unausgeglichenheit nehme ich einen durchsichtigen Kristall oder einen Amethyst in die linke Hand.

Morgens habe ich den Kristall meistens noch in der Hand, oder er deutet auf die Stelle meines Körpers, der ich besondere Beachtung schenken soll, etwa auf ein Chakra oder einen verspannten Körperteil. Deshalb überprüfe ich sofort nach dem Aufwachen, noch bevor ich mich bewege, wie der Kristall liegt. Bisher ist mir, egal wie unruhig ich mich im Schlaf bewegt habe, noch nie ein Kristall aus dem Bett gefallen.

Bevor ein Klient zu mir kommt, kläre ich mit Hilfe meiner Kristalle mein Bewußtsein. Ich konzentriere mich und bringe meine Energien zum Fließen. Im Hauptteil des Buches beschreibe ich meine Arbeit mit den Kristallen genauer. Hier möchte ich nur noch erzählen, wie es dazu kam, daß Wabun und ich den Entschluß faßten, dieses Buch zu schreiben.

Ich war auf einem Medizinrad-Treffen in Colorado, bei dem Wabun ihr Rainbow Crystal Healing abhielt. Zweihundert Menschen saßen mit geschlossenen Augen im Kreis um einen Kristall. Irgend etwas ließ mich während der Zeremonie die Augen öffnen. Ich sah plötzlich, daß sich mitten im Zeremoniekristall eine Frau befand. Sie wirkte schemenhaft und war etwa ein Drittel so groß wie der Kristall. Sie ging im Kristall hin und her und betrachtete den großen Kreis von Menschen, der um sie versammelt war.

Ein paar Monate nach der Zeremonie begann ich davon zu träumen, daß ich mit Wabun in Buchläden stehe, die voll von Kristallen waren, und daß ich mit ihr vor einem Berg aus Kristallen stand. Wir hielten uns an den Händen und beteten stumm.

Nach diesen Träumen war ich nicht überrascht, als Wabun mich aufforderte, mit ihr gemeinsam ein Buch über Kristalle zu verfassen. Irgendeine Kraft wollte, daß wir diese Arbeit zusammen erledigen, und nachdem wir uns zu dieser Partnerschaft entschlossen hatten, machte dieselbe Kraft das Werk möglich, indem sie uns die Zeit schenkte – die für Wabun immer knapp ist – und uns alles Material zur Verfügung stellte, das wir zur Forschung brauchten.

Zwei Monate bevor Wabun mit dem Schreiben beginnen wollte, strömten Artikel, Bücher und Empfehlungen für persönliche Kontakte auf mich ein. Kristalle, Bücher, die ich noch nicht gelesen hatte, und Ideen, die ich bislang noch nicht bedacht hatte, wirbelten in mein Leben. Hilfe kam, bevor ich selbst wußte, welche Hilfe ich überhaupt brauchen würde.

Ich gab vorübergehend den größten Teil meiner sonstigen Tätigkeit auf, um mich eingehender mit dem Thema beschäftigen zu können. Ich halte es für wichtig, den Gebrauch von Kristallen zu demystifizieren, was die *wirklich* mystischen Eigenschaften und Geschichten von Kristallen nicht schmälern wird. Mein Ziel ist, die Modetorheiten, die leider durch einige New Age-Fanatiker populär geworden sind, aufzuzeigen und möglichst zu verhindern. Das wirkliche Wesen um methaphysische Vorgänge soll verbreitet werden, damit nicht noch mehr Unfug entsteht. Natürlich will ich keineswegs die Arbeit eines ernsthaften Suchenden verunglimpfen, aber unsere Leser sollen erfahren, wie trügerisch allzu rasch gewonnene spirituelle »Erkenntnisse« sein können und wie gefährlich es ist, wenn man mit Magie leichtfertig umgeht. Der Mißbrauch von Macht hat schon hohen Tribut gefordert.

Im Gedenken an alle Suchenden, die vor uns lebten, und an jene, die uns nachfolgen werden, widme ich meine Arbeit der Mutter Erde und aller ihrer Kinder und ganz besonders dem erstaunlichsten aller Königreiche: dem menschlichen.
Shanti.

Einführung

»Die Macht der heiligen Steine« wird Ihnen nicht die Wahrheit über Kristalle sagen, denn es gibt keine universelle Wahrheit über diese wundervollen magischen Steine. Vielmehr sehen wir Kristalle als Saatkörner des Lichtes, und wir schreiben dieses Buch in der Hoffnung, Licht auf ein Objekt zu werfen, das bereits seit Urzeiten strahlt, dessen Leuchtkraft jedoch in der letzten Zeit durch unheilvolle modern gewordene Praktiken überschattet wurde.

Wir arbeiten seit vielen Jahren mit Kristallen, aber wir wissen bei weitem nicht alles, was es über sie zu wissen gibt. Wir bieten Ihnen hier nur unsere eigenen Erfahrungen und die einer Gruppe sorgfältig ausgewählter Wissender, Bergleute und Theoretiker an.

Dieses Buch wurde sowohl für Anfänger als auch für Wissende verfaßt, und die hier beschriebenen Techniken und Übungen kann jeder nachvollziehen. Wir geben unsere Sicht der Geschichte von Kristallen und ihrer physikalischen Eigenschaften wieder, berichten über den schamanischen und magischen Gebrauch von Kristallen und zeigen viele Methoden, um Kristalle in Übungen, die der Leser vielleicht schon kennen mag oder lernen will, einzubinden: etwa Meditation, Heilung, Visionsarbeit, Hellsehen und die Durchführung von Zeremonien.

Wir möchten Ihnen raten, zuerst das Glossar auf Seite 177ff. zu lesen, bevor Sie mit dem Buch selbst beginnen. Dort werden alle in diesem Buch benutzten Fachbegriffe erklärt.

Unser Thema, die Kristalle, ist ohnehin schon recht kompliziert, und es ist durch die zunehmende Popularität noch komplizierter geworden. Schlichtes Wunschdenken und wissenschaftliche Entdeckungen über Kristalle sowohl in neuen Forschungsbereichen als auch auf Gebieten, die man für gründlich erkundet hielt, machen die Tatsachen undurchsichtig. Die schlimmsten Mißverständnisse haben ihre Ursachen im anthropozentrischen Glauben, bei dem der Mensch im Mittelpunkt der gesamten Schöpfung steht und alle Möglichkeiten, die die Natur bietet, zu seinem Vorteil nutzen kann.

Was fällt Ihnen ein, wenn Sie das Wort *Kristall* hören?

Vielleicht stellen Sie sich als erstes einen sechsseitigen Quarzkristall vor, eine Kristallkugel, einen Bleikristall, der Regenbogenfarben reflektiert, ein hübsches Schmuckstück oder einen funkelnden Pokal. Wenn Sie Ihrer Phantasie freien Lauf lassen, werden Sie nach einer Weile wahrscheinlich an Dinge wie diese denken: an fliegende Untertassen, Atlantis, die Bibel, Merlin, den Zauberer von Oz, Wahrsager, Glück, Macht, Schmuck, Schutz, Astralprojektion, Verjüngung, Regenbogen, einen Talismann des New Age oder eine potentielle Energiequelle für die Zukunft.

Kristalle werden in der Literatur erwähnt, seit es geschriebene Geschichte gibt, und wann immer von ihnen die Rede ist, scheinen sie mit Magie oder paranormalen Fähigkeiten in Zusammenhang gebracht zu werden – eine Zigeunerin starrt in ihre Kristallkugel, ein Schamane tastet mit einem Kristall den Körper eines Kranken ab, ein Eingeborener wirft Kristalle in die Luft, um damit den Regen anzulocken.

Bis vor einem Jahrzehnt gab es für die meisten Menschen der westlichen Welt nur einen Grund, einen Kristall zu besitzen: weil er hübsch anzusehen war oder Glück bringen sollte. Plötzlich erwachte das Interesse für eine ganzheitliche Sichtweise des Lebens, durch die alte Mythen wieder auflebten. Die Menschen wandten sich den Sitten der Naturvölker, dem Okkulten und alternativen Methoden der Diagnose und Heilung zu.

Suchende begannen, Edgar Cayces und Churchwards Material über das alte Atlantis und Mu mit neuen Augen zu lesen und zu interpretieren. Sie lernten, daß manche Naturvölker Kristalle zum

Heilen benutzten. Sie lasen okkulte und alchemistische Schriften, die sich mit Mineralien befaßten, und betrachteten die Kristallkugel als Möglichkeit, die Zukunft vorauszusehen, während der Kristall selbst eine Kraftquelle zu sein schien.

Multidimensionale Wesen begannen immer mehr Informationen über Kristalle zu jenen Menschen zu leiten, die Anleitung suchten. Lehrer für die Arbeit mit Kristallen gaben Kurse in metaphysischen Zentren, alternativen Schulen und ganzheitlichen Kliniken. Viele Menschen begannen im stillen an sich selbst, an ihren Pflanzen, Tieren und Freunden mit Kristallen zu experimentieren. Das Interesse wurde immer stärker. Und dann, im Jahre 1986, als breitere Kreise der Öffentlichkeit erkannten, wie viele Menschen tatsächlich an die Kraft von Kristallen glaubten, standen wir vor dem Anbruch eines neuen Zeitalters. Das Interesse an Kristallen bekam die Gewalt einer Flutwelle, die sich kurz vor dem Aufprall auf den Strand aufbäumt. Und dann kam der Aufprall.

Kristalle sind ein Geschäft geworden und der Preis des einfachen, häufig vorkommenden Quarzkristalls begann zu steigen. Heute sind Kristalle eine Modeerscheinung, und wo immer eine Mode entsteht, gibt es Fehlinformationen. Wir haben einige ziemlich unverantwortliche Aussagen über Kristalle in verschiedenen Büchern gefunden, und besonders alarmierend ist, daß viele Behauptungen nicht erklärt werden und sogenannte »Fakten« keiner Überprüfung standhalten. Da so viele unsinnige Ideen darüber in Umlauf sind, wie Kristalle früher benutzt wurden und was sie heute alles bewirken können, halten wir es für angebracht, an dieser Stelle vor der Lektüre von zweifelhaften Kristall-Büchern zu warnen.

Es gibt ebenso viele Aussagen über die Dinge, die Amethyste, Rosenquarze oder Citrine zustande bringen können, wie es Menschen gibt, die diese Ideen verbreiten. Es ist leicht, eine Behauptung als Wahrheit anzupreisen, während sie in Wirklichkeit nicht mehr ist als das, was nach Meinung des Autors die Wahrheit sein *sollte*. Wir wollen hier unsere Ansicht kundtun, daß »Informationen« ein wundervolles Kaleidoskop schaffen können und daß es keinerlei Grund gibt, eine Theorie nur deshalb als Tatsache zu akzeptieren, weil sie in einem Buch abgedruckt ist.

Die Behauptungen der Vertreter des New Age oder des Okkultismus in bezug auf Kristalle wurden so gut wie nicht wissenschaftlich untersucht. Wissenschaftler und Okkultisten scheinen ohnehin Schwierigkeiten zu haben, eine gemeinsame Grundlage zu finden, auf der eine Diskussion möglich würde. Dies ist für die Angehörigen beider Parteien sehr bedauerlich. Die inspirierenden Ideen des New Age könnten die wissenschaftlichen Ansichten erheblich beeinflussen, während die klassischen wissenschaftlichen Methoden die Vordenker zwingen würden, ihr geistiges Werkzeug zu schärfen. Die ganze Welt könnte von einer solchen Zusammenarbeit profitieren.

Doch im Augenblick scheint das wissenschaftliche Interesse an Kristallen darauf beschränkt zu sein, sie in Sendeanlagen einzubauen, sie zu klassifizieren und zu züchten. Zwar reicht das alternative Interesse weiter, aber die Behauptungen über Kristalle sind eher persönlichen Erfahrungen als experimentellen Beweisen entsprungen. Und das bedeutet, daß die meisten Aussagen über Kristalle im Augenblick weder bewiesen noch widerlegt werden können. Manche mögen einen wahren Kern enthalten, einige könnten reine Augenwischerei sein, wieder andere werden sich möglicherweise eines Tages als absolut wahr erweisen.

Wir beide benutzen seit langer Zeit Kristalle und haben große Achtung vor diesen Steinen. Wir halten uns nicht für Kristallexperten, und dennoch haben wir anderen Menschen Dinge weitergegeben, die wir bei der Arbeit mit Kristallen gelernt haben. Da wir nicht alles wissen, was es zu wissen gibt, und da wir dieses Buch so umfassend wie möglich gestalten wollten, haben wir eine kleine Umfrage bei Menschen und Lehrern durchgeführt, die mit Kristallen arbeiten. Ihre Erfahrungen und Ansichten sind in »Die Macht der heiligen Steine« als Gegengewicht zu unseren eigenen Standpunkten wiedergegeben.

Wenn Sie dieses Buch lesen und sich mit Kristallen beschäftigen, werden Sie auf widersprüchliche Aussagen über die Kraft von Kristallen, über ihre Pflege und ihren Gebrauch stoßen. Da es auf diesem Gebiet keine wissenschaftlichen Untersuchungen gibt, können Sie die für Sie gültige Wahrheit nur durch eigene Erfahrungen herausfinden. Ein Satz, den wir bei der Arbeit an diesem Buch sehr häufig hörten, lautete: Letzten Endes muß jeder für sich selbst lernen, mit den verschiedenen Kristallen umzugehen. Wenn Sie die Übungen ausprobieren, unsere Aussagen genau lesen und mit anderen Interessierten darüber diskutieren, werden Sie am Ende ganz allein in Erfahrung bringen, welche die für Sie persönlich beste und effektivste Methode ist, mit den Mineralien umzugehen. Alle Leute, mit denen wir gesprochen haben, vertraten die Meinung, daß nur die eigene Erfahrung mit Kristallen zu befriedigenden Ergebnissen führen kann. Wir respektieren die Methoden, die andere Menschen bei ihrer Arbeit anwenden, aber trotzdem ist es wichtig zu betonen, daß jeder Mensch individuell nur durch Übung mit den Steinen den für sich besten Weg finden kann. Jeder Interessierte wird sehr bald selbst merken, ob er die Kräfte der Kristalle nutzen kann. Kein Buch und kein Lehrer ist in der Lage, jemandem, der kein Talent hat, etwas beizubringen. Die Beziehung zwischen dem Benutzer und dem Kristall ist ganz individuell. Wichtig ist, daß Sie Respekt haben, bewußt arbeiten und dankbar für die Dinge sind, die Sie lernen.

Wir haben in diesem Buch nicht versucht, objektiv zu sein, denn wir glauben, daß es keine Objektivität geben kann, solange es keine wahrhaft objektive Erfahrung gibt. Das Material in »Die Macht der heiligen Steine« stammt aus unseren Forschungen und persönlichen Erfahrungen. Wir sind überzeugt, daß uns beim Schreiben ein Geist behilflich war, aber wir haben bei der Arbeit keine Informationen durch Channeling erhalten. Das Schreiben dieses Buches hat unser Wissen über die magischen Mineralien sehr erweitert. Wir hoffen, daß das Lesen nun auch das Ihre vergrößert.

1
Was sind Kristalle?

Kristalle gehören zum ersten irdischen Königreich, dem Reich der Minerale und Urelemente – Erde, Feuer, Wasser und Luft –, aus denen alles auf dieser Welt entstanden ist. Kristalle kommen aus dem Erdinneren, also von einem Ort des Feuers. Sie wachsen in die Felsen hinein und gehen eine Verbindung mit Wasser und Luft ein. Kristalle sind also durch Zusammenwirken der vier Urelemente entstanden.

Wie Minerale entstehen

Die faszinierende Kraft der Minerale hat auch mit der Art ihrer Entstehung zu tun. Um dies wirklich zu würdigen, muß man etwas über den physikalischen Aufbau der Erde wissen. Der Erdkern besteht aus Feuer. Die Erdoberfläche, auf der wir leben, ist aus Stein. Zwischen uns und dem Mittelpunkt der Erde liegen verschiedene Materialschichten, die beständig aus einer lavaähnlichen Substanz, die Magma heißt, geboren werden. Magma ist eine dichte Substanz, die ständig in Bewegung ist und unter großem Druck steht. Wegen dieses Drucks sucht sie nach Öffnungen in der Erde, in die sie vordringen kann.

Vulkane sind die Überdruckventile für das Magma. Wenn die

Magmamischung aus einem Vulkan herausschießt, werden Wasser- und Gasdämpfe frei, das reine Magma tritt aus. Es kühlt zu schnell ab, um sich mit anderen Mineralien zu verbinden, und da es weder Wasser noch Gase enthält, erstarrt es. Wo es keine vulkanischen Öffnungen gibt, drängt die Mischung aus Magma und Dämpfen nach oben und sucht nach Spalten. Wo es Spalten gibt, entweichen Wasser und Gase aus dem Magma und lagern sich in den Spalten ab. Dann kühlen diese Wasser- und Gasbestandteile ganz langsam ab, bis sie nach vielen Jahren in den Felsen, in die sie eingedrungen sind, feste Adern bilden. Wenn sie zu Festkörpern abgekühlt sind, verbinden sie sich zu Mineralien. Dieses Gestein, das sich aus dem Erdkern gebildet hat, wird Eruptivgestein (oder Feuergestein) genannt, weil es durch Feuer entstanden ist.

Minerale

Die Wissenschaft kennt und unterscheidet dreitausend Minerale. Alle dreitausend sind Festkörper; die einzige Ausnahme bildet das flüssige Quecksilber. Trotz der Verschiedenartigkeit der Zusammensetzung von Mineralien sind im Mineralreich nur acht Elemente vorherrschend, die man in fast allen Mineralien finden kann. Diese acht, nach Häufigkeit geordnet, sind: Sauerstoff, Silizium, Aluminium, Eisen, Kalzium, Natrium, Kalium und Magnesium.

Manchmal verbinden sich verschiedene Mineralien miteinander zu Steinen, aber von den dreitausend sind nur vierzig oder fünfzig dazu fähig. Mineralaggregate oder Felsen entstehen durch die elektrostatische Kraft; das heißt, ihre Atome ziehen sich an, und sie binden sich aneinander.

Mineralien wachsen intrusiv und extrusiv in die Erde. Intrusivgestein schiebt sich in bereits bestehendes Gestein und entsteht in seinem Schutz. Geoden – das sind intrusiv gebildete Steine – sind Blasen, die im Innern anderer Steine entstehen. Extrusivgestein arbeitet sich aus der Erde nach oben und schiebt alles beiseite, was ihm im Weg ist.

Kristalle

Kristall ist ein Wort, das Laien häufig benutzen, wenn sie von etwas sprechen, das die Form von einem Kristall hat – von Schneeflocken bis zu Salz. In streng wissenschaftlichem Sinne ist ein Kristall ein Mineral, das sich unter ganz bestimmten Bedingungen durch Verfestigung von chemischen Elementen bildet und eine dreidimensionale atomische, ionische oder molekulare Struktur besitzt. Das Mineral hat eine periodisch wiederholte, identisch zusammengesetzte innere Anordnung von Atomen und Außenflächen.

Wenn wir den Begriff Kristall benutzen, meinen wir – es sei denn, es ist ausdrücklich anders angegeben – sechsflächige Quarzkristalle, also die Sorte, die in der metaphysischen Arbeit am häufigsten verwendet wird. Ein Quarzkristall besteht aus zwei chemischen Elementen: Silizium und Sauerstoff.

Kristalle zählen zu der Familie der Quarze, aber nicht jeder Quarz ist ein Kristall. Um als Kristall gelten zu können, müssen die Atome eines Steins zu einer eindeutigen, unveränderlichen Struktur – innerlich und außen – verbunden sein.

Kristallformen

In der Kristallsymmetrie, also in der Gestalt, die die Atome bilden, unterscheidet man sechs Arten von Kristallen. Die Namen der verschiedenen Formen sind: kubisch, tetragonal, rhombisch, monoklin, triklin und hexagonal.

Sie können am besten erkennen, in welche Gruppe ein Kristall gehört, wenn Sie sich eine Achse vorstellen, die von der Spitze des Kristalls bis zum unteren Ende verläuft. Dann betrachten Sie die Flächen oder Seiten des Kristalls und die Winkel zwischen ihnen. Das Verhältnis zwischen der Mittellinie und den Winkeln zwischen den Seitenflächen ist maßgebend für die Klassifizierung.

Farben und Kristallarten

Da die Mineralogie und die Geologie alte Wissenschaften sind, könnte man vermuten, daß die Ursachen der Farbvariationen von Kristallen schon seit langem bekannt sind. Dem ist aber nicht so. Wir waren überrascht, als wir erfuhren, daß die Erforschung der Kristallfärbung erst vor kurzem wieder aufgenommen wurde und daß einige frühere Annahmen revidiert werden mußten.

Durchsichtige Kristalle

Durchsichtige oder weiße Kristalle sehen aus wie Eis oder gefrorene Milch. Im Kristall können zwar außer Silizium und Sauerstoff noch andere Stoffe enthalten sein, doch diese mineralischen Ablagerungen gehören nicht zum Kristall selbst. Man nennt sie Rutile. Es kommt auch vor, daß Silizium- oder Sauerstoffatome im Kristall sind, die nicht in die Atomstruktur eingebunden sind. Das sind die sogenannten Einschlüsse.

Amethyst

Amethyste erhalten ihre violette bis purpurne Färbung durch Eisenablagerungen. Im Erdinnern findet mit der Zeit ein Durchstrahlungsprozeß statt, der auf das Eisen einwirkt und dem ursprünglich durchsichtigen Kristall seine violette Farbe gibt.

Citrin

Die gelbe Farbe entsteht ebenfalls durch Strahlungseinwirkung auf Eisenatome. Der Unterschied zwischen diesem Kristall und dem Amethyst liegt darin, daß das Eisen beim Amethyst in die Atomstruktur des Kristalls eingebunden ist, während es beim Citrin außerhalb dieser Struktur liegt.

Rosenquarz

Wir erwähnen diesen Stein nur, weil er heute so beliebt ist, aber wir möchten den Leser darauf aufmerksam machen, daß der Rosenquarz kein Kristall ist, sondern eine kristalline Substanz, da er eher unregelmäßige als geometrische Außenflächen aufweist. In älteren wissenschaftlichen Werken wird die Farbgebung dem Einschluß von Titan und Mangan zugeschrieben. Der Grund für die Färbung des Rosenquarzes wird in neueren Werken über Kristallarbeit nicht mehr diskutiert.

Rauchquarz oder Morion

Rauchkristalle sind hell- bis dunkelbraun. Wenn sie völlig schwarz sind, heißen sie Morion. Die Farbe entsteht durch Einwirkung der Erdstrahlung auf Aluminiumablagerungen im Stein. Sie beruht nicht auf Eisen, wie man früher glaubte.

Blaue Kristalle

Wir konnten in den neueren wissenschaftlichen Forschungsarbeiten keine Informationen über die Farbgebung blauer Kristalle finden.

Herkimer

Diese Kristalle sind nach dem Ort im Staat New York benannt, an dem sie gefunden werden. Sie sind strahlend und klar wie Diamanten und brauchen nach dem Abbau kaum poliert zu werden.

Phantomkristalle

Phantomkristalle bestehen aus zwei oder mehr Kristallen innerhalb eines Kristallgitters. Wenn Sie einen oder mehrere andere Kristalle im Innern eines Minerals sehen, dann haben Sie einen Phantomkristall vor sich. Oft findet man bräunliche im Innern von durchsichtigen oder bläuliche in durchsichtigen oder trüben Kristallen. Wenn einer dieser Kristalle aus dem umgebenden Kristall herausragt, dann ist es kein Phantomkristall mehr. Phantomkristalle sind völlig vom umgebenden Kristall umschlossen.

Einschlüsse

Kristalle können Ablagerungen aus Silizium- oder Sauerstoffatomen enthalten, die nicht in die Kristallstruktur eingebunden sind. Es können durchsichtige Kristallsplitter sein, die im Innern des Hauptkristalls gewachsen sind. Manchmal reflektieren sie Regenbogenfarben, oder sie wirken wie Eis oder Schnee. Nur Silizium- und Sauerstoffatome werden Einschlüsse genannt. Die Ablagerungen anderer Substanzen bezeichnet man als Rutile.

Rutile

Das sind Ablagerungen außerhalb der eigentlichen Atomstruktur des Kristalls, die nicht aus Silizium und Sauerstoff bestehen. Rutile können wie Härchen geformt sein, sie können sich wie Blitze ausbreiten oder wie einzelne Farbpunkte oder Flecken erscheinen.

Wasser in Kristallen

Im Kristall muß Wasser sein, wenn die Strahlung beim Citrin oder Amethyst auf das Eisen einwirken soll. Auch in anderen Kristallarten kann Wasser vorhanden sein. Wasser könnte den Einschlüssen ihre Regenbogenfarben geben. Trübe Kristalle enthalten Wasser, das sich bei Temperaturveränderungen klärt.

Kristalle und Magnetismus

Alle Materialien bestehen aus Atomen. Jedes Atom hat entweder eine positive oder eine negative Ladung oder beides. Wenn ein Atom positive und negative Elektronen in gleicher Anzahl hat, dann gleichen sich die entgegengesetzten Ladungen aus und heben sich gegenseitig auf.

Magnetismus bedeutet einfach, daß sich Atome gegenseitig anziehen oder abstoßen. Jedes Lebewesen hat magnetische Eigenschaften. Um die magnetischen Eigenschaften von Mineralien zu verstehen, muß man über die Grundlagen des Erdmagnetismus Bescheid wissen. Das Erdinnere ist ständig in Bewegung. Deshalb bewegen sich auch die irdischen Magnetfelder.

Atome mit entgegengesetzten elektrischen Ladungen ziehen sich gegenseitig an, während sich Atome gleicher Ladung abstoßen. Diese magnetischen Kräfte bestimmen, wie sich die Dinge bewegen. Elektrostatische Ladung ist der exakte Begriff, der dieses Phänomen bezeichnet. Die Mineralien unter der Erdoberfläche ziehen sich gegenseitig an, oder sie stoßen sich ab, und dadurch entstehen Bereiche oder Felder, in denen es entweder starke magnetische Kräfte gibt (Ferromagnetismus), schwächere Magnetkräfte (Paramagnetismus) oder das Phänomen, daß entweder positive oder negative Ladungen abgestoßen werden (Diamagnetismus). Jedes Mineral, das in einem ferromagnetischen Feld wächst, wird stark magnetisch, es sei denn, ein anderes magnetisierendes Material kommt hinzu, das die Kräfte schwächt oder stärkt.

Jedes Mineral, das in einem diamagnetischen Feld wächst, wird Magnetismus abstoßen und nicht anziehen. Dies gilt auch für Kristalle. Wenn die magnetischen Kräfte eines Kristalls eingesetzt werden sollen, muß zuerst geprüft werden, ob er ferromagnetisch, paramagnetisch oder diamagnetisch ist.

Kristalle und Elektrizität

Wir haben erfahren, daß Mineralien magnetisch sein können, und das bedeutet, daß sie eine elektrische Ladung halten, aufnehmen oder abgeben können. Kristalle sind außerdem fähig, Elektrizität aufzunehmen oder abzugeben, wenn sie belastet werden. Diese Fähigkeit heißt Piezoelektrizität. Piezoelektrizität bedeutet, daß ein Kristall, wenn er zusammengepreßt, verdreht oder gestoßen wird, eine leichte elektrische Entladung abgibt. Das heißt aber nicht unbedingt, daß ein Kristall auch die Fähigkeit hat, Gefühle oder Informationen zu speichern.

Wenn ein Kristall entsprechend gewisser Vorgaben in Stücke geschnitten wird, kann er Energien verstärken. Wenn er richtig eingesetzt wird, kann er auch Energie weitergeben.

Endpunkte von Kristallen

Kristalle sind oben zugespitzt. Dieser Endpunkt ist der Punkt, an dem alle Facetten oder Seitenflächen des Kristalls und alle Kanten, die diese Flächen teilen, zusammenlaufen. Manche Kristalle haben oben und unten je einen Endpunkt. Diese Kristalle heißen doppelendige Kristalle; man findet sie oft bei den Herkimer-Kristallen.

Manche Leute glauben, daß ein Kristall, dessen Endpunkt abgeschlagen, gesprungen oder ganz abgebrochen ist, nutzlos sei. Andere sind vom Gegenteil überzeugt. Sie vergleichen solche Kristalle mit Menschen, die Gliedmaßen verloren oder Schicksalsschläge wie etwa den Verlust eines geliebten Menschen erlitten haben. Wir glauben an die zweite Theorie.

Kristallpaare

Kristalle wachsen allein oder in Gruppen, die eine gemeinsame Basis oder Matrix haben.

Ein Kristall kann von einem anderen Kristall durchwachsen sein, so daß beide zusammen die Gestalt eines X annehmen. Manchmal wächst aus einem voll entwickelten Kristall ein zweiter, halber Kristall, so daß ein Y entsteht.

Manchmal entsteht ein zweiter, kleinerer Kristall an der Unterseite eines anderen – parallel oder abgewinkelt zu dem größeren. Das ist dann ein Auslösekristall.

Nadelkristalle sind durchsichtig, sehr dünn und lang. Sie wirken so zerbrechlich, daß sie manchmal auch Elfenkristalle genannt werden.

Mißverständnisse über Kristalle

Der Gebrauch der Kristalle in Wissenschaft und Technik hat mindestens teilweise zu der Verwirrung über die Eigenschaften von Quarzkristallen geführt. Heute ist fast jedem bekannt, daß Kristalle in Computern und anderen komplizierten Geräten benutzt werden. Wenn sie zu diesem Zweck eingesetzt werden, sind Kristalle tatsächlich nur ein Teil des Apparats und dienen beispielsweise als Energiewandler. Die sogenannten Chips, die in Computern benutzt werden, bestehen oft aus Keramik. Wissenschaftler nehmen ein Stück Naturquarz und lassen es im Labor weiterwachsen und tun damit etwas, was die Natur entweder gar nicht oder nur in Jahrtausenden zustande bringt. Das Endprodukt ist kein Kristall, sondern eine Art von Menschen hergestellter Kristallbastard.

2
Kristalle im Verlauf der Zeitalter

Von Merlins Kristallhöhle bis zu Schneewittchens Zwergen, die Kristall abbauen, spielen Edelsteine und besonders Kristalle in vielen Überlieferungen, Legenden und Märchen eine wichtige Rolle. Edelsteine faszinieren die Menschen seit jeher. Ein Liebender zeigt seine Liebe, indem er der Angebeteten einen Edelstein schenkt, und die meisten Menschen kennen ihren Geburtsstein ebensogut wie ihr Tierkreiszeichen. Sie glauben, daß die Eigenschaften der Menschen, die im Januar geboren sind, durch einen Granat verstärkt werden, ohne genau zu wissen, welche Eigenschaften ein Granat besitzt.

Geweihte Amulette, Kraftringe oder Kristallsehen und viele Dinge mehr beweisen, daß die Menschen, seit es Aufzeichnungen gibt, großes Interesse an Steinen gezeigt haben. Die Maya begraben ihre Toten mit einem Stück Jadeit im Mund, und in ägyptischen Gräbern findet man häufig Edelsteine und andere bearbeitete Steine. Wir schenken Kindern Ringe, in die ihr Geburtsstein gefaßt ist. Manchmal sind Edelsteine die ersten Geschenke, die wir in dieser Welt erhalten, und in vielen Kulturen sind sie auch, wenn ein Leben zu Ende gegangen ist, die letzte Gabe.

Steine, ob poliert oder roh, sind Bestandteile zahlloser Traditionen auf der ganzen Welt. Viele Menschen glauben, die Steine könnten Gefühle empfangen und wieder aussenden, eine Absicht aufnehmen und als Botschaft einem anderen mitteilen, Energie auffangen und wieder freigeben.

Kraftsteine

Gegenstände, die Energie verströmen sollen – Stäbe, Schwerter und Trinkbecher –, sind oft mit Steinen verziert. Das Metall, das zur Herstellung dieser Kraftgegenstände benutzt wird, ist zwar wichtig, doch liegt die Bedeutung eher auf der praktischen als auf der okkulten Ebene; die Eigenschaften der Steine, die zur Verstärkung der Kraft ins Metall eingearbeitet werden, haben dagegen fast immer eine okkulte Bedeutung.

Steine im Christentum

Jahwe gibt im Alten Testament – wir beziehen uns auf die Jerusalem-Bibel – eindeutige Anweisungen zur Herstellung eines Brustpanzers, der von Richtern getragen werden soll. Alle Steine, die zur Verzierung verwendet werden sollen, haben einen Namen und kommen an eine bestimmte Stelle auf dem Panzer, so daß für künstlerische Kreativität kein Raum blieb.

Unter dem brennenden Busch, der dennoch nicht vom Feuer verzehrt wurde, mag ein Kristall gelegen haben. Und vielleicht waren auch die Steintafeln, die Moses den Berg Sinai hinauf und hinunter trug und auf denen wie durch Zauberhand Worte erschienen, in Wirklichkeit Kristallplatten.

Man sagt von Jesus, er hätte ein Schwert aus Licht in der Hand gehalten. Damit kann zwar, da er ein begnadeter Redner war, seine Zunge gemeint sein, doch es kann auch ein Heilkristall gewesen sein, der, wenn er richtig gehalten wird, das Licht bündeln kann. Wir wissen aus der Kirchengeschichte viel über den Gebrauch von Kristallen und anderen Steinen. Aber heute sind die Geistlichen bestürzt, wenn man sie nach Hinweisen fragt. Es ist gut möglich, daß die modernen Priester nicht mehr wissen, welchen Nutzen man früher Edelsteinen zugesprochen hat. Die Bischofsringe sind mit Amethysten besetzt, aber alle anderen verzierten Gegenstände –

von Reliquienschreinen bis zu den im Gottesdienst benutzten Kelchen und den Kruzifixen – sind willkürlich je nach Geschmack entstanden. Die Ostkirchen – wie etwa die Griechisch-Orthodoxe Kirche – benutzen Edelsteine viel häufiger als die westlichen Kirchen.

Kristallkugeln und Kristallsehen

Kristalle wurden für völlig praktische Zwecke, wie zur Herstellung von Brillen, aber auch für eine andere, magische Art des Sehens benutzt: für das Kristallsehen oder das Sehen über große Entfernungen. Kristallkugeln und in ihrem natürlichen Zustand belassene Kristalle wurden verwendet, um die Zukunft vorauszusehen, um die Absichten anderer Menschen zu erkennen und sogar um einen Blick in andere Dimensionen zu werfen. Es wird schon lange darüber gestritten, ob der Kristall selbst wirklich Bilder in sich birgt oder ob der Seher nur von der Klarheit des Kristalls und, wenn er Einschlüsse hat, vom Funkeln eines Innenkristalls hypnotisiert wird. Wir kennen Menschen, die darauf schwören, sie hätten, in welcher Stimmung sie auch sind, Visionen, sobald sie in einen Kristall schauen. Man könnte in diesem Fall annehmen, daß durch die Klarheit des Kristalls eine hohe Konzentration des Bewußtseins erzeugt wird und selbst ein Anfänger im Geiste zu reisen und jeden beliebigen Ort aufzusuchen vermag. Andere behaupten, daß der Seher mit und ohne Kristall außergewöhnliche Fähigkeiten hat und die Arbeit allein leistet.

Schamanischer Gebrauch von Kristallen

In Berichten über schamanische Praktiken werden immer wieder Kristalle als wichtige Gegenstände bei Ritualen erwähnt. Kristalle werden von Medizinleuten als Hilfsmittel zur Weissagung, zum Heilen und zur Diagnose verwendet. In Australien werden junge Männer, die initiiert werden oder die Rolle eines Schamanen übernehmen sollen, physisch direkt mit einem Kristall behandelt. Kristallsplitter werden auf dem Bauch, im dritten Auge und an anderen Körperstellen unter die Haut gepflanzt. Schamanenlehrlinge erhalten einen Trank oder eine Mahlzeit, die zerstoßene Kristalle enthalten. Ein Initiand kann in einem bestimmten Bewußtseinszustand »sehen«, wie Kristalle in seinem Körper wirken, ihm mehr Kraft verleihen oder Energien wecken. In manchen Teilen Australiens können gute Medizinleute angeblich willentlich »kristallene Substanzen« ausscheiden – das könnten Quarzkristalle sein.

Bei den Völkern Südamerikas, bei denen die berühmten Kristallschädelorakel eine große Rolle spielen, werden mit einem Ritual Kristalle in den Schädel eines Schamanenlehrlings eingesetzt. Man glaubt, der Kristall verzehre alles innerhalb des Schädels und übernehme die Aufgaben, zu denen früher Augen und Gehirn dienten. Diese Operation verläuft offensichtlich in einer Art astraler Chirurgie.

Kristalle sind die magischen Steine des nord- und südamerikanischen Schamanismus, sie werden in Asien und auf der Malaiischen Halbinsel benutzt. Abgesehen von ihrer Rolle bei Initiationsriten, bei Diagnosestellungen und bei der Heilung werden sie auch zur Weissagung und als Helfer bei Seelenreisen benutzt.

Indianervölker verwendeten Kristalle, lange bevor die Europäer diesen Kontinent betraten, und sie benutzen sie noch heute. Ein Indianer berichtete, daß sein Stamm mit Hilfe von Kristallen die Zukunft jedes Dorfbewohners voraussehen kann. Während einer alljährlich stattfindenden Zeremonie gehen die Stammesmitglieder nacheinander zum Medizinmann, um zu erfahren, was das kommende Jahr für sie bereithält. Er schaut in einen Glimmerkristall –

das ist ein Stein, der aus mehreren Schichten Glimmer besteht – und sieht die Zukunft. Wenn der Ratsuchende erfährt, daß ihm im kommenden Jahr etwas Unangenehmes bevorsteht, hat er die Möglichkeit, das Schicksal durch bestimmte Handlungen günstig zu beeinflussen. Wenn der Schamane zum Beispiel voraussagt, daß ein Stammesmitglied einen Unfall haben und sich beide Arme brechen wird, könnte der Betreffende sich erbieten, den Winter über einen älteren Stammesgenossen zu versorgen. Der Schamane hört sich diesen Vorschlag an und befragt abermals den Glimmerkristall. Möglicherweise sieht er nun, daß sich der Betreffende nur noch einen Arm brechen wird. Dann könnte der Fragesteller einen zusätzlichen Dienst anbieten, wie etwa einer Witwe Feuerholz zu sammeln. Der Schamane blickt wieder in den Kristall. Wenn der Mann beide Versprechen einlöst, bricht er sich vielleicht nur einen Finger. Solange sich der Ratsuchende an den Handel hält, wird die zuletzt gesehene Vision zutreffen. Opferhandlungen oder -gaben haben schon immer dazu gedient, drohendes persönliches Unheil abzuwenden.

Wir haben selbst spirituelle Lehrer getroffen, die Kristalle benutzen, um zukünftige Ereignisse vorauszusagen. Es gibt auch Indianer, die mit Hilfe verschiedener Kristalle mit Elementarwesen in Kontakt treten – etwa um Regen zu erbitten oder um den Donner zu rufen. Wir haben auch von Schamanen gehört, die Kristalle benutzen, um ihren Feinden zu schaden oder sie sogar zu töten.

Kristalle und Magie

Auch Zauberer haben seit Urzeiten Kristalle in Gebrauch. Aber Zauberer wenden Kristalle anders an als Schamanen. Im Schamanismus ist es wichtig, Kristalle zu berühren: Medizinleute tragen Kristalle in ihren Medizinbeuteln am Körper, oder sie nehmen sie in die Hand, um den Regen zu rufen. Bei Zeremonien versammeln sich Menschen um die Kristalle. Manche Indianer besitzen eigene

Kristalle, die sie zwar nicht herzeigen, die aber dennoch Kontakt mit der Energie anderer Menschen herstellen.

Zauberer hingegen achten streng darauf, daß kein Mensch ihre Kristalle zu Gesicht bekommt. Manche Zauberer berühren ihren Kristall nicht einmal selbst, und sie lassen natürlich auch niemand anderen in die Nähe kommen, damit der Stein nicht von fremden Energien beeinflußt wird. Manche Zauberer hüllen ihre Kristalle in schwarze Tücher und nähern sich ihnen nur, wenn sie einen hohen Grad von Reinheit und geistiger Klarheit erreicht haben.

Schamanischen Eingeweihten werden Kristalle manchmal mehr oder weniger aufgezwungen und ihnen sogar in den Körper gedrückt, während ein Zauberer den engen Kontakt meidet.

Die Schamanen werden bei den sogenannten primitiven Völkern sehr hoch geschätzt. Vielleicht werden sie gefürchtet, aber man bittet sie um Hilfe, und sie haben einen festen Platz in der Gemeinschaft.

Zauberer hingegen sind, zumindest in christlichen Völkern, sozial Ausgestoßene, die sich und ihre Fähigkeiten verstecken müssen. Die Hilfesuchenden haben oft Angst, sich an einen Zauberer zu wenden.

Die Zauberer waren also gezwungen, und sind es mehr oder weniger auch heute noch, im Verborgenen zu arbeiten. Viele glaubten, daß Kristalle die Sehwirkungen ihrer Benutzer aufnehmen würden, und fürchteten sich vor einer Entdeckung, wenn sie sie berührten.

Frühe Berichte über das Kristallsehen warnen ausdrücklich davor, den Kristall zu magnetisieren oder durch einen menschlichen Kontakt zu prägen. Der verstorbene T. Lobsang Rampa, ein exilierter tibetischer Lama, der fünfzehn Bücher schrieb, nachdem er sich in den USA niedergelassen hatte, bestand nachdrücklich auf diesem Gebot. Seiner Ansicht nach sind Kristalle mondmagnetisch und müßten deshalb in schwarze Tücher gehüllt aufbewahrt werden. Auf keinen Fall dürften sie direktem Sonnenlicht ausgesetzt werden. Einen Kristall, der aber einmal Energien gespeichert hat, könne man nicht mehr reinigen – weder mit Rauch noch indem man ihn in der Erde vergräbt. Ein falsch behandelter Kristall sei für immer nutzlos.

Schamanen und Zauberer

Wenn Kristalle heute zum Sehen benutzt werden, dann werden sie meist mit der Spitze nach oben gegen das dritte Auge gehalten. Dann begibt man sich im Wachzustand oder im Schlaf auf die Reise. Diese Methode wenden viele Menschen an; die Technik stammt mit Sicherheit von Schamanen, denn der enge Kontakt und der unzeremonielle Umgang mit dem Kristall würde jeden Zauberer erschrekken.

Auch in der Zauberei gibt es Seelenreisen, die aber meist nur zur Weiterentwicklung des Zauberers dienen. Der Zauberer versucht, persönliches Wachstum oder Erleuchtung zu erlangen, indem er sich Kräfte und Energie zu eigen macht und sie nach Belieben nutzt. Der Schamane verfolgt zwar das gleiche Ziel, möchte aber keine Macht ausüben, sondern hauptsächlich die ihm gebotenen Möglichkeiten zum Wohle der Menschheit und der Natur einsetzen. Ein verantwortlicher Schamane achtet darauf, nie mehr zu nehmen, als er geben kann.

Indem er Kristalle mit seinem astralen oder physischen Körper in Berührung bringt, will der Schamane in das Reich reisen, das er erforschen möchte, während der Zauberer dieses Reich oder einen seiner Abgesandten zu sich bittet. Er würde das Wesen, das er empfängt, beleidigen oder sogar verunreinigen, wenn er zuließe, daß es mit einem Kristall in Berührung kommt.

Der Zauberer fürchtet außerdem, daß ein Elementarwesen von ihm oder auch von seinem Kristall Besitz ergreifen könnte, wenn er nicht ausreichende Distanz zu seinem Kraftinstrument hält. Ganz im Gegensatz zu den Schamanen meint er, einen ungebetenen Gast, mit dem er nicht umgehen kann, nicht mehr loswerden zu können. Schamanen kennen Techniken, Kristalle zu reinigen. Ein Zauberer aber wäre von einer mächtigen Wesenheit gefangen. Der Arbeitsplatz eines Zauberers ist ein heiliger Ort, der wie eine Insel verehrt wird, die niemand ohne Einladung betreten darf. Der Zauberer selbst kann sie nicht verlassen, ehe ein Ritual beendet ist und die Elementarwesen wieder verschwunden sind. Wenn man den Kristall berührt und ihm sein Wesen aufgeprägt hat, kann das Elementarwesen den Kristall verlassen und die magnetischen Kräfte, die man dem Kristall verliehen hat, benutzen. Das Wesen hat dann jederzeit Zugang zum Benutzer des Kristalls – so denken die Zauberer. Die Schamanen, die ja, wie wir gehört haben, mit Hilfe von Kristallen selbst auf die Reise gehen, brauchen keine Angst zu haben, daß ihre Wirkungsstätte von unerwünschten Kräften beherrscht wird. Die Zauberer bitten die Elementarwesen zu sich.

Sowohl beim Zauberer als auch beim Schamanen scheint das Licht der Seele mit dem Licht des Kristalls zu verschmelzen. Ob dies nun eine Vermischung der Energien ist oder daran liegt, daß das Bewußtsein des Suchenden mit Hilfe des Kristalls übertragen wird, ist noch umstritten.

Schamanen und Zauberer gehen auch unterschiedlich vor, wenn sie Kristalle weihen. Schamanen halten Kristalle für Lebewesen; jeder Kristall dient einem anderen Zweck, er lebt und braucht nicht erst aktiviert zu werden. Der Kristall eines Schamanen muß vielleicht ab und zu gereinigt und »geweckt« werden, aber man muß ihm keine Energien zuführen, denn er trägt sie seit seiner Entstehung in sich.

Die Kristallkugel eines Zauberers muß dagegen mit einer Zeremonie geweiht werden, bei der eine bestimmte Energie, eine Gottheit oder ein Heiliger gebeten wird, in den Kristall zu kommen und ihn zum Leben zu erwecken. Ein Zauberer, der sexuell oder moralisch nicht mehr rein ist, muß einen unschuldigen Jungen oder ein Mädchen bitten, die Gottheit zu rufen. Kein Schamane würde einen anderen Menschen bitten, an seinem persönlichen Kristall zu arbeiten.

Kristalle in Atlantis

Es stellt sich die Frage, ob Kristalle auch die Kraft zur Zerstörung haben, oder ob sie nur Gutes bewirken. Jedes Instrument, das Kraft besitzt oder Kraft empfangen und aussenden kann, kann als Waffe mißbraucht werden. Es wäre zwecklos vorzugeben, man könnte mit Kristallen keinen Schaden anrichten.

Die Begriffe »Kristalle« und »Zerstörung« sind eng mit der Geschichte von Atlantis verbunden. Jeder, der sich mit Kristallen beschäftigt, trifft früher oder später auf die atlantischen Legenden. Das ist kein Zufall. Wenn wir unsere heutigen Probleme sehen, könnte man meinen, wir gestalteten unsere Welt nach dem Vorbild des atlantischen Bewußtseins. Viele Leute glauben heute, sie hätten schon einmal zur Zeit der großen Zerstörung in Atlantis oder Lemurien gelebt, und manche denken, daß sie heute die gleichen Rollen spielen wie damals, und daß auch die Konsequenzen die gleichen wären: Unser aller Tod.

Atlantis, ein Kontinent im atlantischen Ozean, und Lemurien, ein Kontinent im Pazifik, waren philosophisch gesehen zwei völlig verschiedene Gesellschaften, die vor langer Zeit existierten. Die Atlanter hatten ein kompliziertes technologisches System entwickelt, während die eher spirituell eingestellten Lemurier kein Interesse daran hatten, in das Wirken der Natur einzugreifen. Natürlich ist die Technologie selbst weder gut noch schlecht. Nur die Anwendung von Technologie bewirkt Nützliches oder Schädliches.

In Atlantis hat niemand auf die Werte geachtet. Wahrscheinlich war das nicht von Anfang an so, aber der Drang, zu nehmen und sich gedankenlos anzueignen, was immer sich bot, war damals genauso stark ausgeprägt wie heute in der westlichen Welt. Die Atlanter waren ebenso stolz auf ihren Verstand und die Kraft ihrer Ideen, wie wir es heute sind.

Diese intellektuelle Eitelkeit konzentrierte sich auf die Energie. Die Atlanter hatten ein besseres mechanisches Verständnis als wir. Sie erkannten die Energien des Lichtes, der Töne und des Magnetismus und kannten die Methoden, alles Natürliche zu verschönern, zu beugen oder zu absorbieren. Die Kräfte für ihre technologischen Erfindungen lieferten oft Kristalle. Sie experimentierten mit Kristallen, indem sie sie als Empfänger und Sender benutzten und transportierten mit ihrer Hilfe Energien von einer Existenzform in eine andere. Die Atlanter entwickelten sogar Methoden, den Wuchs von Pflanzen, natürlich hauptsächlich von Nutzpflanzen, zu beschleunigen, indem sie die Kräfte der Kristalle und die Energien von Licht einsetzten. Die natürlichen Gezeiten des Meeres, die durch den Magnetismus von Sonne und Mond und das Magnetfeld unter dem Meer verursacht werden, luden die Kristalle mit Energien auf. Und die Atlanter waren sogar in der Lage, die Kraft von Meereswellen, die gegen massive Gegenstände prallten, zu bändigen und die Abfolge von Ebbe und Flut zu verändern. Zu diesem Zweck konzentrierten sie an einem Ort im Meer soviel Energie, daß die Flutwellen in sich zusammenfielen. Durch diese Methode wird ein Energiestrudel erzeugt, den man anzapfen kann.

Warum taten die Atlanter diese Dinge? Wir glauben, ihr Verständnis für die telepathische Kommunikation und psychische Fähigkeiten machten sie für die Versuchung empfänglich, Energien wie Dinge zu behandeln statt wie die heilige Essenz des Lebens. Das Wissen um die Geheimnisse und Möglichkeiten der Natur verleitet die Menschen, sich ihre Kräfte nutzbar zu machen. Nur verantwortungsbewußte Weise sehen sich und die Menschheit als Teil dieser Natur, die im Gleichgewicht gehalten werden muß und nicht ausgebeutet werden darf. Die Atlanter trieben ihre Forschungen so weit, daß sie – aus Gewissenlosigkeit oder aus Ehrgeiz – beschlossen, sich auch die Energien der anderen Seite der Erde anzueignen: die Energien des lemurischen Kontinents und des Pazifischen Ozeans. Die Lemurier konnten den technologischen Fähigkeiten der Atlanter nichts entgegensetzen, aber sie spürten, daß ihre Energiefelder angezapft wurden und sie in Gefahr waren. Sie verließen ihren Kontinent und zogen zu den heutigen Osterinseln, von denen aus sie sich über die ganze Welt ausbreiteten.

Die Atlanter wußten um die möglichen Auswirkungen ihrer Manipulationen. Deshalb errichteten sie Kolonien, in denen sie Leute postierten, die ihnen über Veränderungen Bericht erstatten sollten.

Die Machenschaften der Atlanter führten schließlich zu einer Schwächung der Lebensenergien auf der ganzen Erde, vor allem im Bereich des Atlantischen Ozeans.

Die geschwächte Energiehülle der Erde fiel in sich zusammen wie ein Ballon, aus dem die Luft entweicht. Die freiwerdenden Kräfte waren zu gewaltig, um vom Festland aufgenommen zu werden, und der Kontinent Atlantis zerbrach wie ein gesprungenes Fenster.

Die Energien des Meeres breiteten sich aus, und die Kristalle, die ja als Energieumwandler dienten, luden sich auf und zogen die Wassermassen an. Der Ozean überflutete die abgesplitterten Landstriche, und sie versanken.

Eine Katastrophe dieser Größenordnung erzeugte mehr Energie, als sie selbst verbrauchte. Die Energie war nun im Meer konzentriert, denn es gab kein Land mehr, das sie absorbieren konnte; sie drängte weiter zum Pazifik, und die Flutwellen überspülten auch einen Teil von Lemuria. Doch nicht der ganze Kontinent ging verloren, und was nach der Katastrophe übrigblieb, heißt heute Hawaii.

Es gibt viele Theorien über die Geschehnisse in Atlantis und Lemurien. Offensichtlich kann keine Theorie stichhaltig bewiesen werden, unsere Erklärung der Katastrophe jedoch führt zu unserer wichtigsten Forderung zurück: Wir müssen die Integrität aller Lebewesen respektieren, wenn wir vom Leben das bekommen wollen, was uns zusteht. Wenn wir natürliche Bedingungen mißbrauchen, wenn wir das Leben um uns mißachten, werden wir in einen Wirbelsturm der Gewalten geraten, den wir selbst heraufbeschworen haben.

Die Geschichte von Atlantis und Lemurien ist nicht nur eine alte Legende, sondern ein Gleichnis für die heutige Situation auf der Erde. Das Problem ist nicht die Technologie, sondern die Art, wie sie genutzt wird.

3
Grundsätzliches zur Kristallarbeit

Ausbalancieren von Energien

Wenn Sie sich für die Arbeit mit Kristallen entschieden haben, sollten Sie bei der Auswahl sehr konzentriert und pflichtbewußt sein. Kristalle verstärken die Energien, die sie umgeben. Wenn Sie verwirrt, gereizt, aufgeregt, zornig oder traurig sind, können Ihre Kristalle diese Gefühle ebenso verstärken wie Fröhlichkeit, Zufriedenheit und Begeisterung. Es mag zwar ganz schön sein, eine Ekstase zu verstärken, aber es ist nicht besonders hilfreich. Das Ziel sollte sein, die Energie auszubalancieren. Das heißt nicht, sie zu neutralisieren; vielmehr sorgt man dafür, daß weder positive noch negative Empfindungen die Oberhand gewinnen. In Balance und zentriert zu sein bedeutet, zu wissen, was man fühlt und die Gefühle zu respektieren, sich aber nicht von ihnen überwältigen zu lassen. Wenn Sie die Methoden anwenden, die wir zum Ausbalancieren empfehlen und immer noch von Emotionen beherrscht werden, sollten Sie Reeds Zentrierungsübung machen, die wir in diesem Kapitel beschreiben. Wenn auch das nicht hilft, dann sollten Sie warten, bis Sie sich besser fühlen, bevor Sie mit Kristallen arbeiten.

Die folgenden Zentrierungsmethoden kommen aus verschiedenen Traditionen. Sie können alle ausprobieren, um herauszufinden, welche Ihnen am meisten zusagt.

Es wird nicht lange dauern, bis Sie wissen, welche für Sie am wirksamsten sind. Natürlich können wir hier nur einige der zahllosen Methoden aufzählen, aber wir möchten Sie ermutigen, auch andere Techniken, die in der einschlägigen Literatur beschrieben sind, zu erforschen. Natürlich können Sie sich mit diesen Übungen auch entspannen, ohne anschließend mit Kristallen zu arbeiten. Sie werden bald merken, daß Sie mit sich und ihrer Umwelt mehr im Einklang sind, wenn Sie sich zentriert haben.

Räuchern und Feuerzeremonien

Mit Hilfe von brennenden Kräutern kann man sich selbst reinigen und zentrieren. In den verschiedenen Religionen spielt das Räuchern eine große Rolle: von den indischen Räucherstäbchen bis zum Weihrauch, der in katholischen Messen benutzt wird. Der Rauch durchdringt alle Bereiche der Schöpfung, den physischen ebenso wie den ätherischen. Heiliger Rauch kann ein Gebet oder ein Anliegen, das auf der physischen Ebene formuliert wird, auf die spirituelle Ebene erheben.

Das Räuchern, das wir später noch beschreiben, ist ein Brauch der amerikanischen Indianer. Um einen Menschen, einen Ort oder einen Gegenstand zu räuchern, legen Sie Kräuter – meist Salbei, Sweet Grass, Zeder oder Tabak in einen Behälter aus natürlichem Material: eine Glasschale oder eine Tonschüssel beispielsweise. Dann zünden Sie die Kräuter mit einem Streichholz an und warten, bis ein kräftiger Rauch entsteht. Löschen Sie die Flammen mit einer Feder oder Ihrem Atem. Lassen Sie die Kräuter glühen und qualmen, und halten Sie die Glut mit einer Feder oder Ihrem Atem lebendig.

Die meisten Indianer opfern den Rauch zuerst dem Schöpfer, der Erde und den vier Himmelsrichtungen. Dann räuchern sie sich selbst, in dem sie sich den Rauch mit den Händen zufächeln. Der Rauch wird über den Kopf gezogen, zum Herzen, am Körper hinunter und zum Rücken. Wenn Sie räuchern, dürfen Sie nicht vergessen, daß Sie das Ziel haben, Ihre Energie auszubalancieren.

Wenn noch andere Personen im Raum sind, bieten Sie, nachdem Sie sich selbst geräuchert haben, den Rauch allen anderen Anwesenden an. Danach reinigen Sie die Gegenstände, die Sie für Ihre Arbeit brauchen, indem Sie sie in den Rauch halten. Sie können sogar ein ganzes Zimmer klären, wenn Sie mit der Räucherschale herumgehen und den Rauch durch Fächeln verteilen.

Beim Räuchern selbst können Sie Ihren Geist einstimmen und Ihre Energien auf Ihr Vorhaben vorbereiten.

Indianer entfachen manchmal ein kleines Feuer und weihen die Scheite dem Schöpfer, der Erde, den Himmelsrichtungen und den anderen irdischen Wesen. Wenn das Feuer entzündet ist, streuen sie Tabak oder Kräuter in die Flammen und reinigen sich und ihre Gegenstände genauso im Rauch des Feuers.

Ausbalancieren mit Wasser

Eingeborene, besonders die auf Hawaii oder anderen polynesischen Inseln, benutzen oft Wasser zur Klärung von Energien. Bevor sie bestimmte Gegenstände benutzen oder eine Zeremonie abhalten, gehen sie ins Meer, in den Fluß oder in den See, tauchen mehrmals unter und lassen sich vom Wasser ganz bedecken. Das erste Eintauchen dient ihrer eigenen Reinigung, das zweite der Reinigung und Ausbalancierung jener, die sie zu ihrer Familie zählen, und das dritte der Ausbalancierung ihrer Beziehung zum Schöpfer und zum Rest der Natur. Nachdem sie dreimal untergetaucht sind, lassen sie sich im Wasser treiben und fühlen, wie die Kraft des Lebens und der Schöpfung sie hält und leitet.

Manchmal nehmen sie ihre Kultgegenstände, darunter können auch Kristalle sein, mit ins Wasser, um auch sie zu reinigen. Wenn Sie am Wasser leben, kann diese kräftigende und belebende Methode Sie ins Gleichgewicht bringen.

Ausbalancieren mit Erde

Vor jeder Zeremonie oder Heilung sollten Sie sich reinigen und ausbalancieren, indem Sie sich in die Natur, zum Beispiel in den Wald begeben. Wenn Sie sich besonders unausgeglichen oder belastet fühlen und keinen Kontakt zu Ihrem Körper haben, können Sie sich eine Weile auf die Erde legen oder sich auch hinknien und den Kopf auf die Erde senken. Legen Sie die Handfläche auf den Boden, dann spüren Sie nach kurzer Zeit, wie die Erdenergie sie durchströmt. Sie können diese Energie in Ihren Körper aufnehmen. Vielleicht haben Sie ja nicht die Möglichkeit, ins Freie zu gehen – in diesem Fall machen Sie die gleiche Übung auf dem Fußboden Ihrer Wohnung und stellen sich dabei vor, daß die Erde unter Ihnen ist.

Manche Menschen haben immer einen Erdungsstein (einen eisenhaltigen Stein wie Jaspis, Hämatit oder Pyrit) in der linken Hosentasche, um sich zu erden. Getrockneter Salbei hat die gleiche Wirkung. Ein paar Körnchen Salz, die man sich auf den Kopf legt, konzentrieren die Energie und halten den Geist ebenso im Körper wie ein Stirnband über dem dritten Auge. Ein Kristall, besonders ein Amethyst, den man sich vor dem dritten Auge mit der Spitze nach unten ins Stirnband steckt, ist eine sehr wirkungsvolle Erdungsmethode.

Ausbalancieren mit Luft

In vielen religiösen Traditionen wird das richtige Atmen als Reinigungsmethode gelehrt. Die meisten Menschen wissen gar nicht, wie man wirklich tief und voll atmet. Es gibt zahlreiche Methoden, den Atem durch den Körper fließen zu lassen. Wir empfehlen folgende: Sie stellen sich vor, wie die Erdenergie Ihre Wirbelsäule entlang nach oben fließt und sich mit der Sonnenenergie, die durchs Krönungschakra strömt, in Ihren Körper eindringt. Danach lassen Sie die Energie nach unten fließen und in die Erde zurückkehren.

Wenn Sie den Energiekreis geschlossen haben und ihn visualisieren können, lassen Sie Ihren Atem so tief in den Körper eindringen, wie Sie nur können. Entspannen Sie sich und beobachten Sie, wie der Atem Ihren Bauch und Ihre Brust bewegt. Viele Menschen atmen nur sehr flach und lassen kaum zu, daß sich ihr Körper beim Atmen ausdehnt. Wenn Sie ganz tief atmen, führen Sie Ihrem Körper ausreichend Sauerstoff zu, und dadurch fühlen Sie sich sofort zentriert, ausbalanciert und belebt.

Zentrierung durch Entspannung und Visualisation

Es gibt viele Entspannungs- und Visualisierungsübungen, durch die man sich zentrieren und die Energien ausbalancieren kann. Zunächst einmal sollten Sie es sich bequem machen und sich auf Ihren Körper konzentrieren. Stellen Sie fest, welche Körperteile verspannt sind, und atmen Sie ein paarmal tief durch, um Ihren Körper mit Sauerstoff zu versorgen.

Bei der Übung, die wir empfehlen, spannen Sie als erstes die Muskeln der Füße so fest wie möglich. Halten Sie die Spannung ein paar Sekunden, dann lassen Sie los. Und dann tun Sie nacheinander mit allen Muskeln Ihres Körpers dasselbe: Unterschenkel, Schenkel, Gesäß, Bauch, Brust, Hände, Arme und Schultern, Gesicht und Kopfhaut. Mit jedem Atemzug spüren Sie, wie Ihr Körper immer lockerer wird. Lassen Sie die Verspannungen beim Ausatmen los.

Wenn Sie sich ganz gelöst fühlen, können Sie sich vorstellen, daß Sie sich an einem Ort befinden, an dem Sie sich besonders wohl fühlen. Sie werden bald verschiedene Entspannungsorte visualisieren und sie je nachdem, ob Sie sich beruhigen oder beleben wollen, auswählen. Sie können jetzt versuchen, die Energien der Felsen, Bäume, Wolken, Blumen, des Wassers und der Tiere, die sich an Ihrem Entspannungsort befinden, zu spüren und in Einklang miteinander zu bringen.

Durch Visualisierung kann man sehr viel erreichen. Man kann

sich sogar – nur durch die eigene Vorstellungskraft – durch die bereits beschriebenen Methoden zentrieren, ohne sie physisch auszuführen. Sie können sich zum Beispiel an einem kalten Wintertag im Geist in einem warmen See reinigen. Natürlich ist es meist wirksamer, die Übungen real auszuführen.

Meditation

Bei der Meditation wird alle Aufmerksamkeit nach innen gelenkt. Wir ziehen all unsere Gedanken in das Zentrum unseres Seins und können so den Kontakt zum Universum herstellen. Es gibt unzählige Wege, diesen Zustand zu erreichen. Wir empfehlen die ständige Wiederholung eines heiligen Wortes oder einer Silbe (ein Mantra). Sie können auch eine schwierige Zahlenfolge zusammenzählen. Sie sollen sich nur auf eine Sache so sehr konzentrieren, daß die Gedanken, die normalerweise ständig durch Ihren Kopf schwirren, ausgeschaltet werden. Manche Menschen erreichen den meditativen Zustand, indem sie eine brennende Kerze oder ein heiliges Symbol (ein Mandala) betrachten. Um zu meditieren, müssen Sie sich an einen Ort zurückziehen, an dem Sie nicht gestört werden. Machen Sie es sich bequem und entspannen Sie sich, achten Sie aber darauf, daß Ihre Wirbelsäule gerade ist, damit die Energie ungehindert fließen kann.

Zentrieren durch Klänge

Man kann sich auch durch Geräusche zentrieren und die Energien in Einklang bringen – zum Beispiel durch Singen, den Klang einer Glocke, durch Rasseln oder rhythmisches Trommeln. Natürlich sind aufpeitschende Rhythmen hier fehl am Platze, ein einfaches Lied oder eine kurze Folge von Tönen ist besser geeignet. Sie wiederholen die Melodie so oft, bis Sie im Gleichgewicht sind. Manche Menschen hören sich lieber aufgezeichnete Musik an, das sollten dann ruhige Instrumentalstücke oder natürliche Klänge sein.

Die sechs Richtungen

Wir werden uns im ganzen Buch immer wieder auf die sechs Richtungen beziehen: die vier Himmelsrichtungen und Oben und Unten. Sie werden feststellen, daß die Übungen mehr Wirkung haben, wenn Sie die heiligen Richtungen und ihre Bedeutung kennen. Unser Verständnis der Richtungen beruht auf dem Wissen der Indianer, besonders auf Sun Bears Vision vom Medizinrad, den Erfahrungen der Maya und auf anderen alten, magischen Praktiken.

Oben. Oben ist der Ort des Schöpfers und der Geister jener Ahnen, die einst auf der Erde lebten, die nun aber in das jenseitige Reich übergegangen sind. Es ist der Ort aller Vorfahren von jeder Hautfarbe und Nationalität. Es ist das Reich des Geistes und der Elementarwesen.

Unten. Unten ist das Reich der Mutter Erde und der Ort, an dem die vier Königreiche – das Mineralreich, die Pflanzen, die Tiere und die Menschen – zusammen leben. Unten, das ist die physische Ebene und alles, was auf ihr lebt, und natürlich auch die Erde selbst.

Osten. Wabun, der Osten, ist der Ort der Anfänge, der Klarheit, der Weisheit und Erleuchtung. Das Tier des Ostens ist der goldene Adler; die Tageszeit ist die Morgendämmerung und die Jahreszeit der Frühling. Im menschlichen Leben ist es die Jugend; die Farben sind Rot und Gold. Es ist der Ort geistiger Heilung und geistigen Verstehens.

Süden. Shawnodese, der Süden, ist der Ort des schnellen Wachstums, des Vertrauens und der Liebe. Das Tier des Südens ist der Kojote; die Tageszeit ist der Mittag, die Jahreszeit der Sommer. Im menschlichen Leben ist es der junge Erwachsene; die Farben sind Grün und Gelb. Der Süden ist magnetisch, er ist der Ort des Wassers. Damit wird er auch zum Ort des Überflusses. Emotionale Heilung und emotionales Verstehen kommen aus dieser Richtung.

Westen. Mudjekeewis, der Westen, ist der Ort der Reife, der Ernte, des Blicks nach innen und der Kraft. Das Tier des Westens ist der Grizzlybär; die Tageszeit ist die Abenddämmerung, die Jahreszeit der Herbst. Im menschlichen Leben ist es der reife Erwachsene; die Farben sind Blau und Schwarz. Der Westen ist der Ort des spirituellen Verstehens und der spirituellen Heilung. Manche Traditionen halten den Westen für den Ort des Todes und deshalb für den Ort der Veränderung; andere Traditionen siedeln die Veränderungen im Norden an.

Norden. Waboose, der Norden, ist der Ort, an dem sich Formen verändern, der Ort der Reinigung, Erneuerung und Reinheit. Das Tier ist der weiße Büffel, der den Menschen alles von sich gibt; die Tageszeit ist Mitternacht, die Jahreszeit der Winter. Im menschlichen Leben ist es das hohe Alter; die Farbe ist Weiß. Es ist der Ort, von dem jedes Lebewesen kommt und zu dem keines zurückkehren kann. Vom Norden empfangen wir physische Heilung und physisches Verständnis. Der Norden ist magnetisch und lebensspendend. Manche Naturvölker betrachten den Norden als den natürlichen Ort für Kristalle.

Auswahl eines Kristalls

Nun, da Sie einige Methoden kennen, durch die Sie sich selbst beruhigen und zentrieren können, sind Sie auf den nächsten Schritt vorbereitet: Sie werden einen Kristall in Besitz nehmen. Früher besaßen nur Zauberer, Schamanen und Heiler Kristalle, heute ist das anders. Jeder kann sich Kristalle kaufen, aber viele sind sich gar nicht bewußt, was man mit diesen kraftvollen Mineralien anfangen kann.

Manche Eingeweihte vertreten die Meinung, daß man sich einen Kristall nicht selbst aussuchen kann, sondern daß die Kristalle freiwillig zu einem kommen müssen. Aufgrund unserer Erfahrung stimmen wir mit dieser Ansicht überein.

Reed hat für sich selbst und andere Kristalle gekauft, aber alle Kristalle, mit denen Wabun gearbeitet hat, waren Geschenke.

Wenn sie zu ihr kommen, trägt sie sie eine Weile bei sich, um zu sehen, ob sie mit ihr arbeiten wollen. Wenn sie durch einen Traum oder intuitiv einen bestimmten Verwendungszweck für einen Kristall erkennt, benutzt Wabun ihn entsprechend. Wenn ihr der Kristall keine Hinweise gibt, verschenkt sie ihn weiter. Sie bietet dem Betreffenden eine Anzahl Kristalle an, aus denen er wählen kann.

Als Wabun und Shawnodese heirateten, beschlossen sie zum Beispiel, ihre Kristalle an die Hochzeitsgäste zu verschenken. In der Tradition der Indianer macht man bei einem glücklichen Ereignis anderen Menschen Geschenke, um sie an der eigenen Freude teilhaben zu lassen. Da Kristalle Energieverstärker sind, hofften Wabun und Shawnodese, die Kristalle würden die Liebe und Freude, die sie selbst empfanden, verstärken und auf diese Weise Liebe und Glück ins Leben der Beschenkten bringen. Doch sie gaben die Kristalle nicht einfach nacheinander ab, sondern achteten genau darauf, daß die Leute den passenden Kristall erhielten oder von ihm ausgewählt wurden.

Sie ließen sich von einem Freund frisch geschürfte Kristalle bringen und säuberten sie mit der Hilfe von Freunden. Jeder Kristall bekam ein Schild, auf dem erklärt wurde, was es bedeutet, Kristalle zu verschenken. Sie legten die Kristalle auf einen Tisch und baten die Leute, sich ihr Geschenk selbst auszuwählen. Der Kristall, den Reed sich aussuchte, liegt jetzt im Käfig ihres Meerschweinchens und gibt dem Tier Energie, Schutz und Liebe.

Wir wissen natürlich, daß nicht jeder Mensch Kristalle geschenkt bekommt. Wenn Sie schon einen erhalten haben, sind Sie sich wahrscheinlich darüber im klaren, daß sie etwas Wertvolles besitzen. Sie sollten sich aber, bevor Sie mit dem Kristall arbeiten, vergewissern, ob er auch wirklich bei Ihnen sein möchte. Ein Kristall, ob er nun gekauft oder als Geschenk empfangen wird, ist nicht einfach ein Besitzstück. Ein Kristall muß mit Sorgfalt ausgesucht werden, und man sollte sich die Zeit nehmen, seine Energie zu fühlen.

Übung: Auswahl

Wenn Sie einen Kristall kaufen möchten, sollten Sie sich, auch wenn noch soviel Lärm um Sie herum herrscht, auf Ihr Vorhaben konzentrieren. Eine Methode, die Reed benutzt, um sich einzustimmen und die Ablenkungen auszublenden, ist folgende:

1. Schütteln Sie die Hände aus, um negative Energien loszuwerden.
2. Reiben Sie die Handflächen aneinander, damit die Energie zu fließen beginnt.
3. Nehmen Sie einen Kristall in die linke Hand (es spielt keine Rolle, ob Sie Links- oder Rechtshänder sind).
4. Sagen Sie im Geist den Namen des Menschen, für den Sie den Kristall kaufen, oder nennen Sie Ihren eigenen Namen, wenn er für Sie bestimmt ist.
5. Drücken Sie den Kristall leicht, aber energisch mit der Spitze nach oben an Ihre Stirn.
6. Wenn Sie einen leichten Stoß, ein Summen oder Wärme im Solarplexus, knapp unter dem Nabel oder an der Stirn empfinden, dann paßt der Kristall zu dem Menschen, auf den Sie sich konzentrieren. Wenn Sie keine körperliche Reaktion spüren, vergewissern Sie sich, ob sich an Ihren Gefühlen etwas ändert. Wenn Sie positive Empfindungen haben, haben Sie richtig gewählt.
7. Wenn der Kristall keine Reaktion auslöst, sollten Sie erneut die Hände ausschütteln und den nächsten versuchen.

Den Kristall, für den Sie sich entscheiden, sollten Sie sich genau anschauen. Der einzige äußerliche Grund, einen Kristall nicht zu kaufen, ist ein Bruch in der Spitze. Jeder Quarzkristall – Amethyst, durchsichtig, Rauchkristall oder Rutilquarz – mit intakter Spitze ist ein wertvoller Kristall.

Viele Anfänger machen den Fehler, einen Stein nur nach optischen Kriterien zu beurteilen. Die meisten möchten nur glatte, durchsichtige Kristalle ohne Schrammen, Linien, Trübung oder

Risse kaufen. Ein glatter Kristall sieht zwar schön aus, aber er hat nicht den gleichen Charakter wie ein Kristall mit Einschlüssen. Denken Sie an das Gesicht eines schönen alten Menschen, wenn Sie die Linien in einem Kristall betrachten. Jede Falte steht für eine Weisheit oder eine Erfahrung, die der Mensch – oder der Kristall – Ihnen vermitteln kann. Vergessen Sie auch nicht, daß sich gerade in den Rissen und Linien das Licht bricht.

Prüfen Sie, ob die Energie des Steins zu Ihnen paßt. Manche Menschen, die mit Kristallen arbeiten, sagen, die »richtigen« Kristalle würden sie beinahe rufen. Andere spüren irgendwo im Körper ein Summen oder Prickeln, wenn ein Kristall auf sie wartet. Wieder andere erkennen eine bestimmte Aura um einen Kristall, die ihnen zeigt, daß der Kristall mit ihnen arbeiten will.

Wenn ein Kristall Sie ruft, gehen Sie zu ihm. Bitten Sie ihn um die Erlaubnis, ihn aufzuheben. Wenn Sie glauben, die Erlaubnis erhalten zu haben, dann nehmen Sie ihn in die Hand, und beobachten Sie, wie Ihr Körper reagiert, oder machen Sie Reeds Übung. Ein Kristall, der für Sie gut ist, wird fast immer Ihr Energiefeld erweitern. Das bedeutet, daß Sie Wärme oder ein Kribbeln oder ein angenehmes Gefühl empfinden. Achten Sie besonders auf den Solarplexus, denn der ist meistens besonders empfindlich. Lassen Sie sich bei der Auswahl eines Kristalls von Ihren Empfindungen und nicht nur von den Augen leiten.

Wenn Sie einen Kristall kaufen, sollten Sie sich vorher darüber im klaren sein, wofür Sie ihn verwenden möchten. Wenn Sie sich auf Ihre Absicht konzentrieren, geben Sie dem Kristall eine Chance, schneller zu Ihnen zu finden.

Vielleicht haben Sie sich ja in diesem oder einem anderen Leben verpflichtet, mit einem bestimmten Kristall zu arbeiten. Wenn das der Fall ist, müßte er entweder als Geschenk zu Ihnen kommen oder sich Ihnen irgendwie sonst offenbaren.

Jeder Kristall, ob Sie ihn nun gekauft oder geschenkt bekommen haben, muß zunächst einmal von allen Energien, die er bis jetzt aufgenommen hat, gereinigt werden. Er ist vermutlich, seit er geschürft worden ist, durch viele Hände gegangen, und niemand kann wissen, wie lange er schon Energien und Kräfte gespeichert hat. In

Kapitel 8 beschreiben wir einige Methoden zur Reinigung von Kristallen.

Nach der Reinigung nehmen Sie zum erstenmal richtigen Kontakt zu Ihrem Kristall auf. Drücken Sie ihn eine Minute lang mit der Spitze nach oben auf die Stirn (auf das dritte Auge), und bitten Sie darum, mit Hilfe des Steines dem Höchsten Willen dienen zu dürfen. Diese Bitte besiegelt die Verbindung mit dem Kristall und bekräftigt Ihre Absicht, die Fähigkeiten des Kristalls zu Ihrem und dem Besten anderer einzusetzen. Nach diesem Kontakt ist es ziemlich schwierig, dem Kristall destruktive und negative Gedanken aufzuzwingen.

Wenn Sie vorhaben, einen Kristall weiterzugeben, sollte der neue Besitzer selbst diesen Kontakt schließen und seinen Kristall ohne Ihre Hilfe weihen.

4
Heilen mit Kristallen

Die meisten indianischen und alternativen Medizinlehren sind überzeugt, daß Krankheiten nur dann entstehen können, wenn die natürliche Harmonie des Körpers gestört ist. Sie glauben, Gesundheit sei der Normalzustand, während Krankheit eine Störung sei, die durch Energieblockaden hervorgerufen wird. Es gibt zahlreiche Theorien und Therapien für die Ursachen solcher Energieblockaden. Wir wollen Ihnen in diesem Kapitel Methoden vorstellen, die das Energiefeld mit Hilfe von Quarz- und anderen Kristallen ausbalancieren, und wir geben die Erfahrungen von Menschen wieder, die Kristalle zum Heilen benutzt haben. In Kapitel 5 finden Sie Übungen, die Ihnen helfen, Ihre eigenen Blockaden aufzulösen und Ihre Energien in Einklang zu bringen. Sie können diese Übungen natürlich auch mit anderen Menschen ausprobieren. Sie sollten jedoch immer erst die Anleitungen genau lesen, bevor Sie zur Tat schreiten, und zunächst jede Methode allein üben und dann erst andere Personen miteinbeziehen. Wir haben am meisten durch unsere Fehler gelernt, und in manchen Fällen hatten wir wirklich Glück, daß wir die Fehler an uns selbst und nicht an anderen begangen haben. Am Anfang unserer Arbeit mit alternativen Heilern erlaubten wir manchmal anderen, mit uns zu experimentieren. Nach mehreren Fehlschlägen erkannten wir, daß wir diese Heiler um die Chance brachten, durch Experimente an sich selbst zu lernen. Es war ein sehr gesunder Entschluß – für uns selbst und für die Heiler.

Heilen bedeutet für uns, negative Einflüsse aus dem physischen oder ätherischen Körper zu ziehen, positive Energien zum Fließen zu bringen oder existierende Energien umzuwandeln. An dieser Stelle soll eindrücklich darauf hingewiesen werden, daß das Heilen mit Kristallen zwar Energieblockaden auflösen und die Harmonie wiederherstellen kann, aber keineswegs eine angemessene medizinische Therapie ersetzt.

Schamanen und Heiler vertrauen erst nach langer, strenger Ausbildung und Praxis auf ihre speziellen Techniken. Es genügt nicht, einige Bücher zu lesen, um ein Heiler zu sein. Dafür muß man viel Zeit und Geduld aufwenden und unzählige Erfahrungen sammeln. Wir berichten hier von einigen Techniken, die nicht als Patentrezepte verstanden werden sollen – sie sind lediglich Methoden, die einige Heiler anwenden. Die Ergebnisse können individuell verschieden sein. Bei der Arbeit mit Kristallen spielen eben die Energien der beteiligten Personen eine große Rolle, und es kommt sehr darauf an, mit welchem Kristall man wen behandelt. Vergessen Sie nie, daß Kristalle Verstärker sind. Wenn der Benutzer latente Heilungsfähigkeiten hat, können Kristalle, wenn sie richtig benutzt werden, diese Fähigkeiten verstärken. Aber kein Stein der Welt kann Kräfte aus dem Nichts zaubern.

Zufällige Heilungen

Viele haben Talent zum Heilen, meistens können Sie Ihre eigenen Energien in Harmonie bringen. Es gibt unzählige Berichte von Menschen, die einen Kristall in die Hand nahmen, um mit ihm zu »spielen«, und sogleich eine wunderbare Wirkung spürten.

Judith Truthstone Brigham nahm einmal einige Kristalle mit zu einem Seminar mit dem Thema »Streßbewältigung«. Eine Teilnehmerin klagte über hartnäckige, starke Kopfschmerzen. Diese Frau kam nach dem Kurs zu ihr und nahm ein Stück Rosenquarz in die Hand, das eine mit Erde gefüllte Rille hatte. Sie fragte Judith, ob sie nicht einen Stein hätte, der »sauber« sei. Judith erklärte ihr, was die

Erde zu bedeuten hatte, und die Frau erwiderte: »Ach, der Stein wirkt bei mir sowieso nicht.« Mit diesen Worten legte sie sich den Rosenquarz an die Stirn. Dann zuckte sie plötzlich zusammen und starrte erstaunt den Stein an. »Meine Kopfschmerzen sind weg«, erklärte sie. »Ich kann's kaum glauben.« Sie kaufte den Stein.

Anita Moloney war zu Besuch bei Freunden, die sie gebeten hatten, ihnen eine Blütenessenz zuzubereiten. Während sie mit Hilfe eines Kristalls und eines Pendels eine Diagnose erstellen wollte, hatte sie plötzlich das Gefühl, sie müßte den Kristall einem ihrer Freunde schenken. Da sie sehr beschäftigt und in Eile war, vergaß sie den Kristall, als sie ging. Ein paar Tage später kam sie zurück und fragte, wie die Arznei gewirkt hätte. Der Freund berichtete, daß er nicht die Arznei genommen, sondern statt dessen den Kristall benutzt hätte, den sie versehentlich zurückgelassen hatte. Das Ergebnis sei, so erklärte er, daß die schlimmen Kopf- und Nervenschmerzen, die er seit zwei Wochen gehabt hatte, verschwunden wären. Er hatte den Kristall wie ein Stück Kreide benutzt und alle schmerzenden Stellen »angemalt«. Er sagte, er hätte das Gefühl, der Kristall sei ein »Radiergummi«, der den Schmerz ausradierte. Er hatte noch nie mit Kristallen gearbeitet.

Anitas Schwester, Charlotte de Lucia, machte eine ähnliche Erfahrung, als sie mit Kristallen zu arbeiten begann. Sie besuchte eine Freundin, die seit kurzem wußte, daß sie schwanger war, und deshalb sehr aufgeregt war. Charlotte erzählte ihr von der tiefen spirituellen Transformation, die sie gerade durchlebte und die zum größten Teil in ihrer Arbeit mit Kristallen ihren Ausdruck fand. Da die Freundin mit Kristallen nicht vertraut war, zeigte Charlotte ihr ihre Steine. Während sie sprachen, nahm die Frau einen kleinen schwarzen Obsidian in die Hand, den Charlotte gerade erst gekauft hatte. Charlotte hatte noch nie mit dem Stein gearbeitet. Ohne zu bemerken, was sie tat, hielt die Freundin den Stein mindestens eine halbe Stunde in der Hand und streichelte ihn.

Dann hielt sie ihn ins Licht und betrachtete ihn. Sie riß die Augen auf und bat Charlotte zitternd, den Obsidian zu betrachten. Auch Charlotte erschrak, als sie den Stein ansah und das Abbild einer Frau mit einem Fötus erkannte. Charlotte schenkte ihr den Stein, und die Frau trug ihn während der ganzen Schwangerschaft und danach als Schutz für sich und das Kind bei sich.

Auch in einer anderen Geschichte, die von Mary Bogan erzählt wurde, geht es um ein Kind. Mary arbeitete mit einer Freundin zusammen. Sie behandelten gerade eine Frau, die an Rückenschmerzen litt. Bei der Arbeit dachte Mary an ein kleines Mädchen, das sie gut kannte. Eine Minute später klingelte das Telefon. Bevor Mary abnahm, bat sie ihre Freundin, inzwischen zum Auto hinauszugehen und ihren Kristall zu holen. Die Anruferin war das Mädchen, an das Mary gedacht hatte; es erzählte ihr von einem strahlenden Stern, den sie gerade zeichnete. Während das Mädchen die Zeichnung beschrieb, kam Marys Freundin zurück und brachte den Sterncitrin, den sie geholt hatte.

Zufall? Wunschdenken? Den Betroffenen kam es bestimmt nicht so vor. Sie spielten nur mit den hübschen Steinen und erzielten dabei überraschende Resultate.

Auch andere Anfänger haben berichtet, daß ihr Umgang mit den Steinen unerwartete Ergebnise hatte. Phyllis Witherspoon begleitete die erfahrene Sheila Mulligan auf einer Fahrt zu den Kristallminen in der Nähe des Lake Tahoe. Phyllis hatte sich in der Woche zuvor den Fuß verstaucht und war unschlüssig, ob sie zur Mine hinaufwandern sollte, denn auf dem Rückweg stand ihr ein steiler Abstieg bevor. Sie entschloß sich letztendlich doch und saß, während in der Mine die Erde durchgesiebt wurde, zwei Stunden auf Kristallresten. Auf dem Rückweg schmerzte ihr Fuß kaum. Danach hielt sie den Fuß in einen Bach, und ein paar Stunden später war das Gelenk geheilt.

Mary Len Chavers benutzt seit anderthalb Jahren Kristalle. Sie hatte große Schwierigkeiten, eine Forschungsarbeit zu schreiben. Gleichzeitig hatte sie schlimme Kopfschmerzen, weil sie überempfindlich auf die Chemikalien im Universitätsgebäude reagierte. Ein Freund gab ihr einen Kristall, und sie erfuhr aus einem Buch, wie man Kristalle programmiert. Da sie nichts zu verlieren hatte, programmierte sie den Kristall mit der Information, daß sie sich entspannen und die Arbeit schreiben würde. Sie legte den Kristall vor sich auf den Schreibtisch und nahm ihn in die Hand, sobald sie sich blockiert fühlte oder die Kopfschmerzen wieder begannen. Es funktionierte. Die Kopfschmerzen ließen nach, und sie schrieb die Arbeit termingerecht fertig. Seitdem hat sie bei vielen Gelegenheiten Kristalle benutzt, um sich selbst zu heilen.

Tess Carbojal setzt Kristalle seit vielen Jahren sehr wirkungsvoll ein. Sie hat ihren Gebrauch bei einer Reihe indianischer Lehrer gelernt. Sie erinnert sich, daß sie sich, als sie gerade mit Kristallen zu arbeiten begann, einmal den Fuß verletzte, so daß ihr Sohn sie Hukkepack nach Hause tragen mußte. Als sie zu Hause ankam, pulsierte ihr Fuß. Sie legte einen Kristall unter die schmerzende Fußsohle. Sofort spürte sie, wie der Kristall den Schmerz aus ihrem Fuß zog. Da sie nicht glaubte, daß es am Kristall lag, nahm sie ihn weg. Der pochende Schmerz kam sofort wieder. Sie legte den Kristall noch einmal unter den Fuß, und der Schmerz verschwand. Sie fixierte den Kristall mit einer Binde am Fuß und verbrachte eine ruhige Nacht. Später erfuhr sie, daß ein Knochen gebrochen war.

Ein paar Jahre später hatte Tess einen Autounfall, bei dem sie an der Lendenwirbelsäule verletzt wurde. Als ihr Auto stand, holte sie einen langen, flachen Kristall aus ihrer Kristalltasche und legte ihn auf die schmerzenden Stellen. Einen zweiten hielt sie sich vor den Solarplexus. Wieder wollte sie zuerst nicht glauben, daß die Kristalle ihr den Schmerz nahmen. Mit Hilfe dieser und noch weiterer Kristalle fuhr sie fünf Meilen bis in die nächste Stadt. Dort erfuhr sie, daß sie zwei Kompressionsbrüche und einen Rippenbruch hatte. Die Kristalle hatten die Schmerzen gedämpft. Seitdem benutzt Tess wie viele alternative Heiler Kristalle, um anderen Menschen zu helfen.

Die Geschichen, die wir hier erzählt haben, sind nur ein paar von vielen, die wir über Kristalle gehört haben.

Kristalle und andere Hilfsmittel

Heute gehören einer oder mehrere Kristalle – Quarz und andere kristalline Substanzen – zum Handwerkszeug der meisten ganzheitlichen Heiler. Wir haben sogar von allopathischen Ärzten gehört, die regelmäßig Kristalle benutzen. In den meisten Fällen benutzen die Heiler Kristalle als Unterstützung für andere Heilmethoden.

John Elmer zum Beispiel, ein Reflexzonentherapeut, benutzt Kristalle, nachdem er die Diagnose gestellt hat. In seinem Sprechzimmer liegen überall Kristalle, damit jeder Patient von ihren Energien profitiert. Obwohl er sehr intensiv mit Kristallen arbeitet, hat er nur zwei Bücher über dieses Thema gelesen und mit nicht mehr als vier Heilern darüber gesprochen. Er zieht es vor, sich von den Kristallen selbst anleiten zu lassen.

Die Heilerin Laughing Otter benutzt Kristalle zur Unterstützung von Reiki – das ist eine Methode zur Aktivierung von universeller Energie. Laughing Otter nimmt einen Kristall in die Hand und streicht über den Körper des Klienten, um Energieblockaden zu finden. Dann aktiviert sie die Energien in diesem Bereich, bis die Energie des Klienten widerstandslos fließt.

Cathy Reczika, eine Lehrerin für Kristallarbeit, berichtet von einem dramatischen Erlebnis, das sie bei der Ausbalancierung von Energien mit Kristallen hatte. Ihre Tochter hatte einmal einen Unfall, der den Energiefluß in ihrem Körper störte. Das Mädchen konnte nicht mehr essen, ihr war übel, und sie litt unter starken Stimmungsschwankungen. Die Energien des Mädchens fühlten sich am Ende der Wirbelsäule sehr kalt und oben am Hals sehr heiß an. Cathy legte einen doppelendigen Kristall ans Ende der Wirbelsäule und zog so die Energie nach unten. Um das Mädchen ordnete sie weitere durchsichtige Quarzkristalle an. Sie wiederholte die Behandlung mehrmals, und nach ein paar Stunden war das Mädchen wieder wohlauf.

Die Heiler, deren Übungen in Kapitel 5 geschildert werden, benutzen Kristalle allein oder in Kombination mit Reinigungen (oft

Räuchern), mit Pendeln, homöopathischen Therapien, Visualisierungs- und Traumarbeit, Heilgymnastik und psychischen oder spirituellen Beratungen. Manche benutzen nur Kristalle zum Ausbalancieren und Heilen.

Kristalle und Bach-Blüten

Eine Möglichkeit der Harmonisierung, mit der wir beide seit vielen Jahren arbeiten, ist die von Edward Bach entdeckte Heilmethode. Er war ein britischer Arzt, der Anfang des zwanzigsten Jahrhunderts lebte. Nach dem Studium der Allopathie und Homöopathie wurde Dr. Bach ein bekannter und geachteter Arzt. Doch er war sowohl mit der Arbeit, die er tat, als auch mit den Ergebnissen unzufrieden. So ging er schließlich in die Hügel von Wales und tat etwas, das wir heute als Visionssuche bezeichnen würden: Er ging in die Natur, um den Sinn seines Lebens beziehungsweise die Antwort auf eine bestimmte Frage zu finden. Bei dieser Suche machte Dr. Bach eine tiefe Erfahrung mit dem Pflanzenreich und entwickelte die Grundlage für eine neue Heilmethode, die aus der Homöopathie abgeleitet war.

Dr. Bach kam zu der Überzeugung, daß Krankheiten immer dann im Körper auftreten, wenn der Lebensweg eines Menschen von dem Weg abweicht, den zu nehmen die Seele sich entschlossen hat. Durch diese Disharmonie entsteht eine Blockade. Dr. Bachs Arzneien, in denen verschiedene homöopathisch zubereitete Blütenextrakte verwendet werden, gehen die Wurzel der Krankheiten an und nicht die Symptome, die der Kranke zeigt. So gibt es zum Beispiel keine Blüte gegen Bronchitis, weil die Ursache der Krankheit Angst oder Ärger sein könnte. Die Bachblüten beeinflussen die emotionalen Zustände, die den Fluß der Körperenergien stören. Es gibt Bachblüten für verschiedene Formen der Angst, der Unentschlossenheit, der Überempfindlichkeit gegenüber Außeneinflüssen, gegen Mutlosigkeit und Erschöpfung. Die Mittel wirken sehr sanft und entfernen Blockaden im Fluß der Körperenergie.

Reed hatte das Glück, eine Weile bei Dr. Bachs erster Schülerin, der verstorbenen Nora Weeks, zu lernen, und Wabun erwarb ihr Wissen über Blütenarzneien bei einem sehr begabten kanadischen Heiler und seinen Helfern. Wir haben verschiedene Medikamente der Gruppen, die heute mit Blütenessenzen heilen, erprobt.

Wie bereits in der Einführung erwähnt, benutzt Wabun bei der Diagnosestellung und der Bestimmung einer Blütenarznei zuerst ihren Kristall und ihr Kristallpendel. Diese Technik, die in Kapitel 5 erläutert wird, funktioniert bei Wabun zuverlässiger als jede andere. Wenn sie mit ihren Klienten über die erforderlichen Medikamente spricht, stellt sie immer wieder fest, daß der Klient entweder das Ausmaß seiner Angst oder Verzweiflung herunterspielt oder seine Emotionen unterschätzt. Mit der Kristall-Pendelmethode kann sie jedoch ihre eigenen Projektionen und den Verdrängungsmechanismus des Klienten überwinden.

Diese Diagnosemethode ist nicht auf die Bach-Blüten-Therapie beschränkt – sie kann bei allen Behandlungsarten eingesetzt werden.

Indianische Heiltechniken

Die meisten indianischen Heiler, denen wir begegnen, betrachten Kristalle als sehr starke Medizin. Wir haben nur wenige gefunden, die uns ihr ganzes Wissen über Kristalle preisgeben wollten. Sie machen sich Sorgen, daß ein solches Wissen mißbraucht werden könnte. Wenn man bedenkt, wie lange die meisten von ihnen lernen mußten, bevor sie ihre Erkenntnisse erworben hatten, dann ist völlig klar, daß sie ihre Geheimnisse nur widerstrebend weitergeben.

Es gibt aber zwei indianische Methoden, die wir in Kapitel 5 beschreiben wollen. Die erste lernten Sun Bear und Shawnodese, einer von Sun Bears Medizinhelfern, von einem Indianer. Shawnodese verfeinerte die Methode dann in der Form, wie wir sie hier wiedergeben. Es ist eine recht zuverlässige Art, die Energien ins Gleichgewicht zu bringen, weil man dabei nur das Energiefeld des Betreffenden beeinflußt und durch Kristalle verstärkt. Doch keine Methode ist hundertprozentig sicher. Auch bei dieser – wie bei jeder anderen Arbeit mit Kristallen – muß sich der Heiler der Energien seines Klienten völlig bewußt sein und die Veränderungen mitverfolgen, die der Kristall in dessen Energiefeld bewirkt.

Verantwortung beim Heilen

Wenn wir Kristalle zum Heilen benutzen, müssen wir uns über Dosierung, Dauer der Behandlung und die Anzahl der Sitzungen im klaren sein. Der Heiler muß sich für die Arbeit, die er tut, verantwortlich fühlen. Kristalle sind machtvolle Verstärker, und nicht jeder kann eine große Dosis Kristallenergie vertragen. Der Heiler muß seinen Patienten fragen, welche Medikamente er in welchen Dosierungen nimmt, ehe er eine Heilung mit einem Kristall einleitet. Kristalle verstärken nicht nur Energien, sondern auch die Wirkstoffe in Medikamenten. Wenn der Patient ein Beruhigungsmittel oder eine Droge wie Marihuana nimmt, sollte er dies ehrlich sagen, ehe er sich behandeln läßt. Alle Kräfte in einem lebendigen System – ob Pflanze, Tier oder Mensch – werden durch Quarzkristalle verstärkt. Wir können uns nicht aussuchen, welche Kräfte in uns aktiviert werden sollen – auch Gifte oder schädliche Substanzen werden von Kristallen beeinflußt.

Besondere Vorsicht ist bei Schwangeren geboten. Sie nähren einen anderen Menschen, und dieser andere Mensch muß nicht genauso auf die Kristallenergien reagieren wie die Mutter. Sie sollten genau prüfen, welche Auswirkungen der Kristall auf den Fötus hat, und wenn Sie glauben, daß Sie es nicht in Erfahrung bringen können, sollten Sie keine Kristalle mehr benutzen, bis das Kind geboren ist.

Der Heiler muß bei jeder Behandlung wachsam, ausgeruht, zentriert und geerdet sein, damit er die Wirkung der Kristalle auf das Energiefeld des Patienten spüren kann. Man darf nie vergessen, daß jede Behandlung Veränderungen im ätherischen und physischen

Körper des Patienten bewirkt und daß der Patient mit Benommenheit, Schwäche oder sogar Krankheit reagieren kann. Deshalb sollte jeder Patient nach einer Sitzung genügend Zeit haben, sich zu erholen.

Schwere Krankheiten

Wir versuchen nie, die Energien eines schwerkranken Menschen, der möglicherweise starke Medikamente einnimmt, auszugleichen. Die Kristalle könnten seine Beschwerden oder die Wirkung der Medikamente ebenso verstärken wie den natürlichen Fluß der Energien aktivieren. Kristalle sollten auf keinen Fall bei Patienten, die eine Chemotherapie machen oder bestrahlt werden, zum Einsatz gebracht werden. Der behandelnde Arzt hat die Art seiner Therapie und die Dosierung der Heilmittel meist genau auf den Patienten eingestellt. Eine Sitzung mit Kristallen könnte möglicherweise alle Werte durcheinanderbringen, und das würde den Zustand des ohnehin schon geplagten Patienten nur noch verschlimmern.

Laura West, die einige Jahre bei einer Hilfsorganisation gearbeitet hat, empfiehlt äußerste Vorsicht beim Gebrauch von Kristallen bei Todkranken. Sie meint, Sterbende seien gerade unmittelbar vor der Transformation sehr beeinflußbar. Sie weist darauf hin, daß ein Mensch, dem man einen Kristall in die Hand gibt, den Stein gewöhnlich beiseite legt, wenn er ihn nicht mehr braucht – es sei denn, der Betreffende ist zu krank dazu. Sie rät jedem Heiler, der mit Sterbenden arbeitet, sich gründlich zu zentrieren und sich ganz besonders auf die Bedürfnisse des Patienten einzustimmen. Tut man das nicht, kann die Kristallenergie, vor allem, wenn der Sterbende nicht an den Gebrauch von Kristallen gewöhnt ist, Verwirrungen oder Furcht verursachen.

Kinder, alte Menschen und Tiere

Laura rät auch zu großer Umsicht beim Gebrauch von Kristallen bei Neugeborenen oder Kleinkindern, da sie für fremde Energieeinflüsse sehr empfänglich sind. Sie hat jedoch bemerkt, daß die Kinder deutlich zeigen, ob sie einen Kristall bei sich haben wollen oder nicht, und wenn ja, wie lange sie ihn wollen.

Ähnliche Vorsicht ist geboten, wenn man Tiere mit Kristallen behandeln will. Auch Tiere zeigen deutlich, ob sie die Kristallenergie akzeptieren oder nicht. Allgemein gilt, daß Sie kein Tier, das davonläuft, dazu zwingen sollten, mit dem Kristall in Berührung zu kommen, es sei denn, es hat sich verletzt und zieht sich deshalb zurück.

Vorbeugende Medizin

Kristalle können auch vorbeugend wirken. Manche Menschen tragen gern Kristalle bei sich, die ihnen helfen sollen, ihre Energie zu erhalten und ihr Immunsystem zu stärken. Durchsichtiger Quarz gilt allgemein als Anregungs- und Schutzmittel; anderen Kristallarten werden spezifischere Eigenschaften zugeschrieben.

Gwen Oaks trägt in Situationen, die eine Spannung verursachen können, immer einen Rosenquarz bei sich, weil sie dieser Stein beruhigt. Um sich zu erden und im Gleichgewicht zu bleiben, benutzt Gwen einen Rauchquarz. Wenn sie spürt, daß eine Erkältung im Anmarsch ist, hält sie sich einen Citrin oder ein Tigerauge an die Schläfe und konzentriert sich auf ihre Gesundheit.

Ein anderer Heiler rät dazu, in Zeiten der Veränderung einen Amethyst zu tragen, weil dieser Stein Blockaden verhindern kann, die manchmal bei Umstellungen auftreten.

Empfängnis

Kristalle können dabei helfen, ein gesundes Kind zu empfangen. Wenn ein Paar sich entschlossen hat, Kinder zu zeugen, sollten beide streng auf ihre Gesundheit achten, damit das Kind die besten Chancen hat, unbelastet aufzuwachsen – das bedeutet natürlich, keine Drogen zu nehmen, keinen Alkohol zu trinken und nicht zu rauchen.

Auch der Ätherkörper beider Elternteile sollte so rein wie möglich gehalten werden. Man muß nicht fanatisch werden und jede Stunde räuchern oder duschen, aber wenn Sie sich zum Beispiel unter vielen Menschen aufgehalten haben (dort sammeln sich viele negative Energien), wenn Sie sich gestritten haben oder länger als einen Tag in düsterer Stimmung waren, ist es wichtig, den Geist und die Körperenergie zu reinigen. Wenn Sie in einem erschöpften oder zornigen Zustand ein Kind zeugen, wird das Kind einen nicht ganz gesunden Energiekörper und physischen Körper bekommen.

Partner, die sich so weit eingestimmt haben, daß negative Außeneinflüsse möglichst gering sind, und sich zentriert und ihre spirituellen Energien angeregt haben, können Kristalle unter das Bett legen, um den Raum für die Liebe zu reinigen. Dazu sollte man Kristalle nehmen, die dem Großen Geist geweiht sind und die häufig gereinigt werden.

Die anderen Königreiche

Kristalle können anderen Mineralien, Pflanzen und Tieren helfen, ihren Energiefluß zu reinigen. Manche Heiler laden andere Steine auf, indem sie sie auf andere legen. Wir haben Kristalle in unseren Garten gepflanzt, und wir haben welche in unseren Blumentöpfen. Außerdem haben wir sie in die Umgebung unserer Tiere gelegt. Katzen haben besonders viel Spaß an ihnen; sie spielen mit ihnen oder setzen sich neben die Steine, wenn sie die Kristallenergie brauchen.

Ob wir glauben, daß Kristalle Allheilmittel sind? Ob Sie Ihren Medizinschrank mit Einkäufen beim Juwelier auffüllen sollen? Die Antwort auf beide Fragen lautet: Nein. Es kann aber nicht schaden, wenn Sie zwischen Schmerzpillen und Grippemitteln einen Quarzkristall aufbewahren.

5
Übungen zum Energieausgleich

In diesem Kapitel finden Sie eine Reihe von Übungen, mit denen Sie Ihr Wohlbefinden steigern können. Sie lernen mit Hilfe von Kristallen oder anderen Hilfsmitteln die Energiesysteme Ihres Körpers auszugleichen oder Bereiche zu finden, die nicht im Gleichgewicht sind. Einige dieser Techniken können Sie allein durchführen; viele erfordern aber die Hilfe eines Partners. Suchen Sie sich Ihren Partner sorgfältig aus. Wenn Sie mit jemandem arbeiten, der alles Wissen über Kristalle für Quatsch hält, oder befürchtet, Kristalle seien ein Teufelszeug, werden Sie niemals positive Resultate erzielen. Am besten arbeiten Sie mit jemandem, der echtes Interesse an diesem Gebiet hat oder wenigstens dafür offen ist. Wenn Sie keinen solchen Menschen finden, können Sie die Übungen bei einer Pflanze oder einem Tier ausprobieren. Wen auch immer Sie zum Partner wählen, er sollte gesund und bereit für Experimente sein. Die meisten Partnerübungen können Sie zunächst an sich selbst ausprobieren, und wir raten Ihnen, das auch zu tun. Sie können aus Ihren Erfolgen und Fehlschlägen eine Menge lernen. Wenn Sie mit Ihren eigenen Energien einen Fehler machen und sich fühlen, als hätten Sie Fieber, weil Sie zuviel Kristallenergie aufgenommen haben, werden Sie in Zukunft besser aufpassen.

Wir ermuntern Sie zwar, mit Kristallen zu experimentieren, aber wir warnen auch davor, allzu sorglos mit Ihren Kräften umzugehen.

Sie müssen immer zentriert (benutzen Sie dazu die Zentrierungsübung), wachsam, ausgeruht und klar sein, wenn Sie versuchen, mit Kristallen Energien auszugleichen. Wir können nicht oft genug betonen, daß Kristalle *jede* Energie verstärken und auch negative Gefühle, die latent vorhanden sind, aktivieren können. Übungen sollen Ihrem Partner helfen, ebenfalls zentriert, wachsam und ausgeruht zu werden. Wenn jemand drei Gläser Wein zum Essen getrunken hat oder bewußtseinsverändernde Drogen nimmt, können die Kristalle die Wirkung dieser Substanzen verstärken, und der Betreffende ist alles andere als wach und aufmerksam.

Die folgenden Übungen sind der Schwierigkeit nach geordnet; die einfachsten kommen zuerst. Jede wird Ihnen helfen, etwas über Ihre Fähigkeiten zu heilen und über Ihre Potentiale und Grenzen zu erfahren.

Bevor Sie irgendeine dieser Übungen ausprobieren, sollten Sie folgendes tun:

1. Reinigen Sie sich mit einer der beschriebenen Methoden.
2. Sprechen Sie ein Gebet, das Ihnen angemessen erscheint, und fragen Sie den Schöpfer, ob es für Sie richtig ist, diese Übung an diesem Ort und zu dieser Zeit zu machen. Wenn Sie mit einem Partner arbeiten, fragen Sie, ob dieser Mensch hier und jetzt an der Übung teilnehmen soll.

Meditationstechnik

Für die Meditationstechnik brauchen Sie einen durchsichtigen Quarzkristall. Ziehen Sie sich an einen ruhigen Ort, an dem Sie nicht gestört werden können, zurück. Allgemein ist es für Meditationen am besten, nach Osten zu blicken. Wenn man in Nord-Süd-Richtung meditiert, können die Energien angeregt werden; Sie möchten sie aber beruhigen. Wenn es sich für Sie besser anfühlt, können Sie auch mit dem Gesicht nach Westen sitzen, vor allem dann, wenn Ihnen eine Veränderung bevorsteht.

1. Setzen Sie sich bequem hin und schließen Sie Ihren Energiekreis, indem Sie die Arme kreuzen oder die Hände falten und die Beine übereinanderschlagen oder sich in den Schneidersitz setzen.
2. Halten Sie den Kristall mit beiden Händen; die Hände sollen sich berühren. Die Spitze des Kristalls deutet zum Himmel.
3. Atmen Sie langsam und tief, und achten Sie darauf, wie sich bei jedem Atemzug Ihr Bauch ausdehnt. Wenn sich nur Ihre Brust bewegt, stehen Sie unter starken Spannungen.
4. Lassen Sie ein Bild in Ihr Bewußtsein kommen; nicht das Bild einer Handlung, sondern etwas Statisches. Betrachten Sie es, ohne zu urteilen. Erlauben Sie dem Bild nur, in Ihrem Geist zu ruhen. Es kann ein Stilleben sein, eine weiße, schwarze oder andersfarbige Fläche oder ein Ornament.
5. Lenken Sie Ihre Aufmerksamkeit immer wieder auf das Bild zurück, wenn Ihre Gedanken abschweifen. Entlassen Sie Ihre Gedanken in Liebe, und verurteilen Sie sie nicht.
6. Wenn sich das Bild verändert oder ein neues Bild kommt, dann ist das in Ordnung. Das Bild braucht kein traditionelles Meditationssymbol zu sein, keine Kerzenflamme, nicht die Sonne oder ein Kreis. Es kann alles mögliche sein, solange es nicht Ihre Gefühle aufwühlt.
7. Halten Sie das Bild oder die Farbfläche in Ihrem Bewußtsein, und konzentrieren Sie sich auf die Atmung.
8. Bleiben Sie etwa zehn bis fünfzehn Minuten in dieser Meditation. Anfänger sollten während des ersten Monats nicht länger als zehn oder fünfzehn Minuten einmal oder höchstens zweimal täglich meditieren.

Zentrierung

Reed benutzt diese Methode gern. Sie brauchen dafür einen durchsichtigen Kristall, einen Erdungsstein, ein Notizbuch und einen Stift. Diese Übung dauert fünfzehn bis dreißig Minuten. Sie können dabei etwas über Ihren geistigen und emotionalen Zustand erfahren und werden merken, daß Sie mit dieser Methode Ruhe finden können.

1. Wenden Sie sich nach Osten, halten Sie den durchsichtigen Kristall in Hüfthöhe vor den Bauch und richten Sie seine Spitze nach außen. Fragen Sie, was zwischen Ihnen und der Ruhe steht. Horchen Sie einen Augenblick in sich hinein und achten Sie auf die Informationen, die Sie erhalten.
2. Halten Sie den Kristall weiter in Hüfthöhe, drehen Sie ihn zu sich und empfangen Sie die Eindrücke, die zu Ihnen kommen, ohne sie zu zensieren. Wenn Sie jetzt Emotionen empfinden, hat der Kristall Ihre eigenen Gefühle aufgenommen, verstärkt und zu Ihnen zurückgeschickt.
3. Legen Sie den Kristall sofort rechts neben sich auf den Erdungsstein, wenn die Eindrücke aufhören.
4. Denken Sie über die Eindrücke nach, die Sie empfangen haben, und machen Sie sich Notizen, wenn Sie möchten. Sie sollten versuchen, die Informationen, die Sie erhalten haben, möglichst leidenschaftslos zur Kenntnis nehmen. Wenn Sie stark emotional reagieren, verlieren Sie Ihre Objektivität.
5. Atmen Sie langsam und tief, und betrachten Sie die Eindrücke, die Sie empfangen haben. Sie werden sehr rasch die Ursache Ihres Unbehagens erkennen.
6. Lassen Sie den Kristall auf dem Erdungsstein liegen und entfernen Sie sich von ihm. Gehen Sie nach Möglichkeit ins Freie, mindestens aber in einen anderen Raum. Suchen Sie sich eine Beschäftigung, die das auflöst, was zwischen Ihnen und der Ruhe steht, die Sie erreichen wollen. Wenn Ihnen das nicht gelingt, dann versuchen Sie soviel Sorge, Voreingenommenheit und

Aufregung wie möglich aus dem Weg zu räumen, und denken Sie an die Unruhe erst später, wenn Sie besser mit ihr umgehen können.

Krankheitsvorsorge

Diese Technik stammt von Gwen Oaks, einer Heilerin aus Sacramento. Sie brauchen dazu einen Kristall. Die Übung dauert dreißig Minuten und sollte mehrmals am Tag wiederholt werden.

1. Ziehen Sie sich an einen Ort zurück, an dem Sie nicht gestört werden. Suchen Sie sich einen Kristall aus, der mit Ihnen arbeiten will.
2. Halten Sie ihn in beiden Händen, und konzentrieren Sie sich auf Heilung und Wohlbefinden.
3. Atmen Sie in den Kristall. Dann nehmen Sie ihn in die linke Hand, halten ihn auf die mögliche Quelle der Krankheit und sagen: »Die Heilungskraft des Universums heilt mich.«
4. Halten Sie den Kristall mindestens dreißig Minuten auf diese Stelle.
5. Wiederholen Sie die Übung tagsüber und am Abend.

Peruanische Heilmethode

Diese Übung, die von einer älteren peruanischen Heilerin stammt, wurde uns von John Leal aus Los Angeles gezeigt. Seine Erfahrungen mit der Übung wurden schon im Kapitel 4 beschrieben. Sie brauchen dazu etwas zum Räuchern, zwei Kristalle und fünfzehn bis dreißig Minuten Zeit.

1. Räuchern Sie Ihren Körper, und achten Sie besonders auf den Bereich, der die Behandlung braucht.

2. Nehmen Sie in jede Hand einen durchsichtigen Kristall; die Spitzen der Steine sollen zu der Körperstelle weisen, die Hilfe braucht. Halten Sie die Kristalle so nahe wie möglich an den Körper, ohne ihn zu berühren.
3. Vollziehen Sie kleine kreisende Bewegungen gegen den Uhrzeigersinn.
4. Bewegen Sie die Kristalle langsam vom Körper weg, während Sie die Kreise vergrößern.
5. Wenn Sie die Kristalle spiralig abgezogen haben, schütteln Sie sie einmal kräftig vom Körper weg. Damit wird die negative Energie abgegeben.
6. Wiederholen Sie die Übung mindestens dreimal, und decken Sie dabei die kranken Körperstellen vollkommen ab. Bei einem verletzten Knie müssen Sie die Kreisbewegungen beispielsweise von vorne, von hinten und von beiden Seiten machen.

Ausbalancieren im Schlaf

Diese Technik wird von Anita Moloney angewendet, die in Yellow Springs, Ohio, praktiziert. Sie müssen dazu dreißig Minuten vor dem Einschlafen und fünfzehn Minuten nach dem Aufwachen aufwenden, und Sie brauchen einen Kristall.

1. Suchen Sie sich, bevor Sie ins Bett gehen, einen Kristall aus, der sich für diese Übung richtig anfühlt.
2. Halten Sie den Kristall ans Herz, und konzentrieren und vertiefen Sie Ihre Bewußtheit und Empfänglichkeit durch die folgende Atemmeditation.
3. Achten Sie auf Ihren Atem und lassen Sie ihn tief und gleichmäßig fließen. Versuchen Sie nicht, ihn zwanghaft zu verändern. Lassen Sie ihn von selbst immer tiefer werden.
4. Stellen Sie sich nach einigen Atemzügen die eingeatmete Luft als Licht vor.
5. Der Lichtatem dringt durch Ihre linke Fußsohle ein, zieht

durchs Bein nach oben, durchquert Ihr Herz und dringt bis zur rechten Schulter. Atmen Sie durch den rechten Arm und die rechte Hand wieder aus.

6. Wiederholen Sie dieses Atemmuster einige Male, bis Sie die Energie ungehindert und frei fließen fühlen.
7. Halten Sie das Bild des Lichtstromes im Bewußtsein und wiederholen Sie das Atemmuster; diesmal dringt das Licht aber durch die rechte Fußsohle ein und wandert durch das Bein und den Körper zur linken Schulter.
8. Atmen Sie durch den linken Arm und die linke Hand wieder aus. Fahren Sie so lange fort, bis Sie einen gleichmäßigen, starken Energiefluß spüren.
9. Stellen Sie sich Ihren Atem nun als goldenes Licht vor, das beim Einatmen durch das Schädeldach in Sie eindringt und bis zur Wurzel der Wirbelsäule hinunterströmt. Beim Ausatmen läuft es die Wirbelsäule wieder hinauf und tritt durch Ihr Krönungschakra aus.

   Diese Atemtechnik reinigt, entspannt und stärkt alle Chakras.
10. Wenn die Energie noch nicht in die Bereiche vorgedrungen ist, in denen sie am nötigsten gebraucht wird, bringen Sie sie jetzt in diese Körperregion.
11. Wenn Sie einen Bereich ausbalancieren möchten, stellen Sie sich vor, daß Sie Licht durch den Kristall einatmen und durch das Herz wieder aus. Wenn Sie einen Bereich stärken oder aufladen wollen, atmen Sie Licht durch das Herz ein und durch den Kristall aus.
12. Nun bitten Sie so präzise wie möglich um das, was Sie sich wünschen – ob es Heilung ist, die Lösung eines Problems, Schutz, ein Traum oder eine Offenbarung.
13. Schlafen Sie ein, und halten Sie den Kristall an die Stelle, an der er Ihnen am besten aufgehoben scheint.
14. Achten Sie beim Aufwachen auf Ihre Gefühle, erinnern Sie sich an Träume oder ungewöhnliche Ereignisse im Schlaf.
15. Danken Sie dem Steinvolk, den lebendigen Mineralwesen, für ihre Hilfe.

16. Reinigen Sie den Kristall durch Räuchern, oder indem Sie ihn in Salzwasser legen, und verwahren Sie ihn dankbar wieder an seinem Platz.

Aktivieren der Chakras

Diese Technik zum Ausbalancieren der Chakras (oder Energiezentren des Körpers) stammt von Page Bryant aus Sedona, Arizona, die sie ihrerseits von ihrem Lehrer, einem vieldimensionalen Wesen, das unter dem Namen Albion bekannt ist, erlernt hat.

Albion sagt:

Kristalle können benutzt oder programmiert werden, um die sieben heiligen Zentren im menschlichen Körper auszubalancieren. Wenn sie auf die entsprechenden Zentren gehalten werden, absorbieren sie negative Energie und schaffen ein Gleichgewicht. Sie können auch die Energie in die Chakras abgeben, die vor der Arbeit im Mineral gespeichert wurde. Diese Methode können Sie selbst anwenden, oder ein anderer tut es mit Ihrer Erlaubnis.

Zu diesem Zweck sollten Sie sieben Kristalle auswählen, die je mindestens zweihundert Gramm wiegen müssen. Die Kristalle dürfen für keinen anderen Zweck benutzt werden. Die Größe der Kristalle ist wichtig, weil Sie sie besser in der Hand halten können, wenn sie groß genug sind, und außerdem können sie viel Energie speichern, die aus den Chakras gezogen oder in sie hineingegeben wird.

Sie benutzen die Kristalle nacheinander und berühren jedes Chakra nicht länger als zwei oder drei Minuten mit der Spitze. Die ganze Übung dauert etwa dreißig Minuten.

1. Sorgen Sie dafür, daß jedes Chakra einen eigenen Kristall hat. Verwechseln Sie sie nicht. Wenn Sie den falschen Kristall für ein Chakra verwenden, könnten Probleme entstehen. Vielleicht hilft es Ihnen, wenn Sie sich aufschreiben, welchen Kristall Sie für welches Chakra verwenden möchten.

2. Der Kundalini-Kristall, der mit der Lebensenergie arbeitet, wird für das Wurzelchakra am Ende der Wirbelsäule benutzt. Dieser Kristall sollte vor dem Gebrauch mindestens vierundzwanzig Stunden lang in der Erde vergraben werden, damit er den Erdmagnetismus aufnehmen kann. Der Erdmagnetismus hilft, das »Schlangenfeuer« an der Wurzel der Wirbelsäule zu entfachen und auszubalancieren. Störungen der Kundalini-Energie führen oft zu Rückenschmerzen und allen Arten von Ungleichgewichten im chemischen Körperhaushalt. Es ist sehr wichtig, dieses Chakra in einem perfekten Zustand zu halten, und der Kristall hilft Ihnen dabei.
3. Der Kristall für das Chakra im Solarplexus sollte vor dem Gebrauch kurze Zeit in gereinigtes oder destilliertes Wasser gelegt werden. Der Solarplexus ist eng mit dem emotionalen oder astralen Körper verbunden und deshalb dem Element Wasser verwandt. Wenn Sie den Kristall an dieses Chakra halten, können Sie die Unruhe lindern und die Gefühle ins Gleichgewicht bringen.
4. Der Kristall für das Milz- oder Bauchchakra sollte in einem orangefarbenen Tuch oder Behälter aufbewahrt werden, denn Orange ist die Farbe der alten Weisheiten, die mit diesem Chakra assoziiert werden. Dieses Chakra reinigt unseren Körper und entfernt Gifte aus dem Ätherkörper.
5. Der Kristall für das Herzchakra sollte in einem luftdichten Behälter aufbewahrt werden. Das Herzchakra ist sehr empfindlich und kann leicht aus dem Gleichgewicht gebracht werden.
6. Der Kristall für das Kehlkopfchakra sollte ebenfalls in Wasser gereinigt werden, doch er muß regelmäßig dem Sonnenlicht ausgesetzt werden.
7. Der Kristall für das Stirnchakra (das dritte Auge) wird wie der Kristall für das Kehlkopfchakra behandelt.
8. Der Kristall für das Krönungschakra wird behandelt wie die beiden vorherigen. Die Prana-Energien der Sonnenstrahlen sind für diesen Kristall besonders wichtig, denn er absorbiert sie und entläßt sie dann als »Atem des Lebens« in der Form von reinem Licht.

9. Die Chakras müssen genau wie der physische Körper einmal am Tag ins Gleichgewicht gebracht werden.
10. Benutzen Sie Ihre Chakra-Kristalle nicht bei anderen. Dafür sollten Sie einen zweiten Satz von sieben Kristallen benutzen, aus denen nach jeder Behandlung sorgfältig mit Hilfe von Wasser alle Energie entfernt wird; der Kristall, der in der Erde vergraben wird, muß nach dem Gebrauch wieder eingegraben werden.

Energieaustausch mit Kristall und Pendel

Dies ist die Methode, mit der Wabun die Diagnosen für Bach-Blüten-Behandlungen stellt. Sie brauchen dazu einen Kristall, ein Pendel, Reinigungsmaterial und die Dinge, die Sie prüfen wollen.

Bevor Sie mit der Übung beginnen, müssen Sie herausfinden, wie das Pendel mit Ihrem Körper zusammenarbeitet. Ein Pendel ist ein massiver Gegenstand, gewöhnlich ein runder Bleikristall, ein natürlich zugespitzter Quarz oder ein Stück spitzes Metall, das an einer kurzen Schnur aus natürlichem Material oder an einer Kette hängt, so daß es frei schwingen kann.

Die meisten Menschen können mit guten Erfolgen Pendel benutzen, doch es gelingt nicht jedem. Um zu bestimmen, ob und wie ein Pendel für Sie arbeitet, sollten Sie sich zuerst durch Räuchern, durch Klänge oder was auch immer reinigen und in einer offenen, bequemen Stellung (Arme und Beine nicht gekreuzt) auf einen Stuhl oder auf den Boden setzen. Holen Sie ein paarmal tief Luft, und schieben Sie alle Gedanken sanft beiseite, die nicht zum Thema gehören.

Nehmen Sie das Pendel in die rechte Hand, und halten Sie Hand und Arm so ruhig wie möglich. Nun bringen Sie das Pendel vor Ihre Körpermitte. Beobachten Sie seine Bewegungen. Es kann stillstehen oder hin und her schwingen. Die Bewegung über Ihrem Mittelpunkt ist die Bewegung, die das Pendel macht, wenn es eine neutrale Antwort gibt, ein »vielleicht«.

Nun halten Sie das Pendel über Ihr linkes Knie. Lassen Sie das Pendel zur Ruhe kommen, nachdem Sie es bewegt haben. Lassen Sie es frei hängen, und beobachten Sie seine Bewegungen. Die Bewegung, die es macht, wenn es über Ihrem linken Knie hängt, ist die Bewegung, mit der es »nein« sagt. Wenn Sie das überprüfen möchten, halten Sie das Pendel vor Ihre Körpermitte, und stellen Sie einige Fragen, auf die die Antwort »nein« sein muß. Wenn Sie ein Mann sind, fragen Sie, ob Sie eine Frau sind. Fragen Sie noch etwas, was mit »Nein« beantwortet werden müßte. Das Pendel sollte die gleiche Bewegung machen wie über Ihrem linken Knie.

Dann bringen Sie das Pendel über Ihr rechtes Knie. Beobachten Sie wieder seine Bewegung. Dies ist die Bewegung, die ein »Ja« bedeutet. Um es auszuprobieren, können Sie das Pendel wieder vor Ihre Körpermitte bringen und einige Fragen stellen, deren Antwort »ja« lauten muß. Das Pendel müßte sich dann auf die gleiche Weise bewegen wie über Ihrem rechten Knie.

Wir haben mit vielen Linkshändern gearbeitet, bei denen die aktive und passive Seite den Rechtshändern entsprach. In einigen Fällen waren die Seiten aber vertauscht. Wenn Sie Linkshänder sind, können Sie es testen, indem Sie dem Pendel Fragen stellen, die eindeutig mit »Ja« oder »Nein« zu beantworten sind, und seine Bewegungen beobachten. Wenn Sie die Erfahrung machen, daß es bei Ihnen anders ist als bei den meisten Menschen, dann senden Sie mit der linken Hand und empfangen mit der rechten. In diesem Fall sollten Sie das Pendel in der linken Hand halten.

Normalerweise ist für Rechtshänder das »Ja« eine Bewegung im Uhrzeigersinn; die Wicca nennen dies *deosil.* »Nein« ist die dem Uhrzeigersinn entgegengesetzte Bewegung, die von den Wicca *widdershin* genannt wird.

Wenn Sie zu den Leuten gehören, die kein Pendel benutzen können, wird das Pendel still bleiben, egal, wie Sie es halten. Es wird höchstens ab und zu unkontrolliert schwingen. Dann können Sie natürlich die folgende Pendelübung nicht ausführen.

Bei Ihren ersten Pendelarbeiten ist es ratsam, vor Beginn jedesmal die Körpermitte und das linke und rechte Knie zu testen, um sich zu vergewissern, daß die Bewegungen gleichgeblieben sind und daß Sie in dieser bestimmten Situation mit dem Pendel arbeiten können.

Sobald Sie die Reaktion des Pendels kennen, sind Sie für die Übung mit Kristall und Pendel bereit. Sie brauchen für diese Übung einen Partner.

1. Reinigen Sie zuerst sich selbst und Ihren Partner mit einer Reinigungsmethode, die Ihnen zusagt.
2. Ihr Partner soll sich vor Ihnen auf einen Stuhl setzen. Sie sollen dabei so weit voneinander entfernt sein, daß Sie beide bequem die Arme ausstrecken können, ohne sich zu berühren.
3. Geben Sie Ihrem Partner einen durchsichtigen Kristall in die rechte Hand; die Spitze soll auf Sie deuten. Ihr Partner schließt die Hand über dem Kristall.
4. Ihr Partner streckt Ihnen die linke Handfläche entgegen. Es ist wichtig, daß die Handfläche ziemlich flach ist. Wenn die Handfläche gekrümmt ist, kann das Pendel die Haut berühren, und die Bewegung wird beeinflußt.
5. Halten Sie das Pendel mit der rechten Hand über die linke Hand Ihres Partners. Wenn Sie das Pendel normalerweise links halten, muß Ihr Partner seine rechte Hand ausstrecken. Das, was getestet werden soll, nehmen Sie dann in die andere Hand.

   Der Kristall und das Pendel bringen nun einen Energieaustausch zwischen Ihnen und Ihrem Partner in Gang. Mit Hilfe des Kristalls zeigen die tiefsten Energien Ihres Partners an, ob ihm der Gegenstand hilft, den Sie in Ihrer empfänglichen linken Hand halten. Ihre aktive Hand hält das Pendel über die empfängliche Hand des Partners, und der Körper des Partners empfängt Informationen über den Gegenstand und schickt seine Antworten durch den Kristall zum Pendel. Bei diesem Austausch spielt es keine Rolle, ob der Partner Links- oder Rechtshänder ist.
6. Zum Experimentieren können Sie mit etwas beginnen, von dem Sie wissen, daß es den Betreffenden schwächt. Sie beginnen mit den »Nein«-Gegenständen. Es gibt einige Dinge, die mit ziemlicher Sicherheit jedem Menschen schaden, während

es nur wenige Dinge gibt, die jeden stärken. Zwei ziemlich sichere »Nein«-Kandidaten sind ein Stück Aluminiumfolie und eine Digitaluhr (besonders mit einer leuchtenden Anzeige).

7. Wenn Sie den Gegenstand in der Hand halten, fragen Sie laut: »Stärkt dieser Gegenstand diesen Menschen?« Das Pendel müßte dann die negative Bewegung machen, wenn Sie nicht gerade einen Partner haben, der sich mit Aluminium und Niedrigstrahlung stärkt.
8. Wenn Sie mit einigen ziemlich sicheren »Nein«-Gegenständen experimentiert haben, können Sie Dinge nehmen, bei denen Sie das Ergebnis nicht von vornherein kennen. Einige der Antworten könnten Sie und Ihren Partner überraschen. So ist weißer Zucker zum Beispiel nicht für jeden schlecht. Es gibt Menschen, die eine Allergie gegen Honig oder gegen die Chemikalien in Zuckerersatzstoffen haben. Fragen Sie aber bei Ihrem Partner nach, um die Resultate, die Sie bekommen, zu überprüfen.
9. Wenn Sie sich mit dieser Methode etwas sicherer fühlen, können Sie sie ausprobieren, ohne daß Ihr Partner den Kristall hält. Untersuchen Sie, ob die Resultate anders ausfallen.
10. Sie können diese Methode auch anwenden, um festzustellen, welche Menge des Stoffes einen anderen Menschen stärkt oder schwächt. Zum Beispiel könnte eine Praline in einer bestimmten Situation eine Stärkung sein, während fünf Pralinen schaden würden. Um die Menge festzustellen, können Sie entweder immer mehr der betreffenden Gegenstände in die Hand des Partners legen (was bei Pralinen ganz lustig, aber ziemlich klebrig ist), oder Sie nehmen einen Gegenstand in die linke Hand und fragen laut nach der Zahl: »Werden zwei davon diesen Menschen stärken? Werden drei davon diesen Menschen stärken?« Und so weiter.
11. Wenn Sie mehr Vertrauen in Ihre Fähigkeiten haben, brauchen Sie die Fragen nicht mehr laut zu stellen. Es reicht, wenn Sie sie denken.

Varianten

Diese Methode können Sie benutzen, um aus großer Entfernung festzustellen, wie etwas auf einen Menschen wirkt.

1. Bitten Sie den Klienten, seine Frage nach dem Gegenstand mit der Hand aufzuschreiben und Ihnen den Zettel zu schicken.
2. Wenn der Brief ankommt, reinigen Sie sich und den Brief auf die Art, die Ihnen am besten erscheint, und bitten Sie alle fremden Energien (etwa die der Postbeamten), bei der Arbeit nicht zu stören.
3. Legen Sie Ihren Kristall rechts neben den Brief, so daß er ihn berührt. Die Spitze muß zu Ihnen deuten. Wenn Sie mit links pendeln, dann gelten die entsprechenden Anweisungen aus der vorherigen Übung.
4. Halten Sie das Pendel über die linke Seite des Briefes und gehen so vor, als würde der Klient vor Ihnen sitzen.

Energieausgleichsübung

Diese Partnerübung hat Shawnodese entwickelt. Sie brauchen dazu zehn relativ klare Kristalle, am besten solche mit trüben oder milchigen Unterseiten und gut ausgebildeten Spitzen. Unter diesen zehn sollten ein gegabelter (wie ein X oder Y) Kristall, ein Nadelkristall und eine Gruppe sein. Die anderen sieben müssen Einzelkristalle sein. Sie brauchen auch Material zum Räuchern, und Material für irgendeine andere Reinigungsmethode (Klänge, Wasser, oder was immer Sie vorziehen). Sie brauchen für diese Übung etwa dreißig Minuten Zeit.

Sie müssen wach, ausgeruht, zentriert und geerdet sein, damit Sie sofort merken, welche Veränderungen die Kristalle im Energiefeld bewirken. Sie sollten sich auf die Halsschlagadern des Menschen konzentrieren, den Sie ausbalancieren möchten, denn sie sagen Ihnen, wann es Zeit ist, mit der Übung aufzuhören.

Wenn Sie kein erfahrener Heiler sind, dürfen Sie diese Methode bei niemandem anwenden, der lebensgefährlich erkrankt ist, denn die Kristalle können ebenso die Krankheit wie den natürlichen Energiefluß verstärken.

1. Reinigen Sie sich und Ihren Partner gründlich.
2. Fragen Sie ihn, ob seine aktiven (männlichen) oder empfänglichen (weiblichen) Energien verstärkt werden müssen. Wenn er es nicht weiß, versuchen Sie selbst, es herauszufinden.
3. Ihr Partner soll sich flach auf den Rücken legen, der Kopf zeigt dabei zum magnetischen Nordpol. Benutzen Sie, wenn nötig, einen Kompaß, um die Richtung genau zu bestimmen.
4. Legen Sie die Kristallgruppe einen halben Schritt vom Kopf des Klienten entfernt so auf den Boden, daß die Spitzen zum Himmel zeigen.
5. Der gegabelte Kristall hat seinen Platz zwischen den Fußgelenken. Wenn die Schenkel des gegabelten Kristalls ungleich sind, gibt es zwei Möglichkeiten: Richten Sie den größeren Schenkel auf den rechten Fuß, wenn die aktiven Energien verstärkt werden müssen, oder auf den linken, wenn neue Energien wirksam werden sollen. Wenn Sie nach einigen Fragen immer noch nicht genau wissen, welche Seite mehr Hilfe braucht, legen Sie den größeren Schenkel zu dem Fuß, der dem Geschlecht des Partners entspricht (rechts für Männer, links für Frauen).
6. Die Spitzen der sieben normalen Kristalle deuten nach Süden (zu den Füßen des Partners). Sie werden absteigend nach ihrer Größe sortiert.
7. Beginnen Sie mit dem größten, und legen Sie ihn so, daß die Spitze den Schädel des Partners berührt.
8. Legen Sie den nächstgrößeren mitten auf die Stirn.
9. Der nächste kommt in die Grube zwischen Schlüsselbeinen und Brustbein.
10. Der nächste liegt auf dem Herzen.
11. Den fünften Kristall legen Sie auf das Zwerchfell oder den Solarplexus.
12. Der sechste Kristall kommt zwischen Nabel und Schambein.

13. Der kleinste Kristall liegt auf dem Schambein.
14. Halten Sie bei dieser Energiebalancierungsübung den Nadelkristall in der Hand, und richten Sie die Spitze auf Ihren Partner. Sie selbst sitzen neben seiner Körpermitte und beobachten die Halsschlagadern. Denken Sie dabei die ganze Zeit an Gleichgewicht und Gesundheit für Ihren Partner. Je öfter Sie diese Übung machen, desto aktiver wird der Nadelkristall.
15. Lassen Sie Ihrem Partner Zeit, sich zu entspannen, während die Kristalle seine natürlichen, heilenden Energiemuster verstärken. Nach etwa fünf bis fünfzehn Minuten sehen Sie gewöhnlich eine Halsschlagader pulsieren. Das ist das Zeichen dafür, daß der Körper alles bekommen hat, was er in diesem Augenblick braucht.
16. Entfernen Sie die Kristalle, indem Sie mit dem kleinsten beginnen und mit dem größten aufhören. Dann nehmen Sie den gegabelten Kristall weg und ganz am Schluß die Kristallgruppe.

Varianten

Folgende Variante benutzt Shawnodese bei sich selbst. Er zeigt sie auch den Menschen, die über einige Erfahrungen im Heilen und Ausbalancieren von Energien verfügen. Sie wird bei Menschen benutzt, die zur Heilung ein bestimmtes Medikament brauchen. Wir wollen uns zur Verdeutlichung vorstellen, daß jemand mit Bauchschmerzen zu uns kommt.

1. Wenden Sie die Schritte 1 bis 5 der Grundübung an.
2. Dann werden die anderen sieben Kristalle auf ihre Seitenflächen gelegt. Die Spitzen deuten auf die Körperstelle, die krank ist. Bei jemandem mit Bauchschmerzen ordnen Sie sie wie folgt an:
3. Der größte Kristall berührt wieder mit der Spitze das Schädeldach des Kranken.
4. Der zweitgrößte kommt mit der Spitze nach unten auf die Stirn zwischen die Augenbrauen.

5. Der nächste liegt mit der Spitze nach unten in der Grube zwischen Schlüsselbeinen und Brustbein.
6. Der nächste deutet mit der Spitze auf das Herz.
7. Der fünfte wird – mit der Spitze nach unten – auf das Zwerchfell plaziert.
8. Der sechste liegt mit der Spitze nach oben zwischen Nabel und Schambein.
9. Der siebte und kleinste kommt mit der Spitze nach oben auf das Schambein.
10. Wenn Sie fühlen, wo der Klient mehr Energie braucht, können Sie den Nadelkristall über dem Kopf des Kranken bis zu der Stelle bewegen, die aus dem Gleichgewicht gekommen ist.
11. Wenn der Klient in einem bestimmten Bereich mehr Energie braucht, dann bewegen Sie den Nadelkristall im Uhrzeigersinn.
12. Wenn der Klient irgendwo zuviel Energie hat, bewegen Sie ihn gegen den Uhrzeigersinn.
13. Muß der Klient beruhigt werden, nehmen Sie einen flachen, glatten Kristall und streichen mit der flachen Seite etwa in fünf Zentimeter Abstand über die Stelle, die beruhigt werden muß.
14. Beobachten Sie die Halsschlagader, während Sie mit den Kristallen arbeiten. Wenn sie zu zucken beginnt (normalerweise nach fünf bis fünfzehn Minuten), beenden Sie die Übung.
15. Entfernen Sie die Kristalle wieder in umgekehrter Reihenfolge; beginnen Sie also mit dem kleinsten, und hören Sie mit dem größten auf. Dann entfernen Sie den gegabelten Kristall und am Schluß die Kristallgruppe.

Die zweite und dritte Variante dieser Methode stammt von Laura West.

Variante 1: Führen Sie die Grundübung wie beschrieben aus, überprüfen Sie aber, bevor Sie die Kristalle auflegen, die Chakras mit der Hand. Legen Sie nur auf die Chakras, die sich energiearm anfühlen, einen Kristall. Fahren Sie mit der Grundübung fort. Sie benutzen aber Ihre Hände und nicht den Nadelkristall, um Energie in einen Bereich zu bringen.

Variante 2: Führen Sie die Grundübung aus, überprüfen Sie die Chakras mit der Hand, und benutzen Sie dann die folgenden Materialien für Chakras, die sich energiearm anfühlen:

Unterstes Chakra: Quarzei oder Kupfer
Zweites Chakra: Karneol
Drittes Chakra: versteinerte Muschel
Viertes Chakra: Rosenquarz
Fünftes Chakra: Rauchquarz oder Schildpatt
Sechstes Chakra: Quarz oder Aquamarin
Siebtes Chakra: wird mit einem Stab aus klarem Quarz berührt

Fahren Sie mit der Grundübung fort.

Kinesiologie

Die folgende Technik zum Ausbalancieren von Energien stammt von Judith Truthstone Brigham, die sie von einem Heiler namens Rahina erlernte. Für diese Technik brauchen Sie mehrere Kristalle, aus denen der Klient wählen kann, und dreißig bis sechzig Minuten Zeit.

Die Kinesiologie ist eine Methode, mit der die Wirkung einer Substanz auf das Energiefeld des Körpers getestet wird, und viele Heiler wenden sie an.

1. Der Klient liegt auf dem Boden.
2. Der Heiler bittet ihn, eine Hand des stärkeren Armes zur Faust zu ballen und den Arm senkrecht in die Luft zu halten (im rechten Winkel zum Körper). Der Heiler versucht, den Arm niederzudrücken, und der Klient muß, so gut er kann, Widerstand leisten. Auf diese Weise wird die Körperkraft getestet. Je nach Größe und Kraft der Beteiligten sollte der Heiler den Ansatzpunkt am Arm des Klienten nach oben oder unten verlagern. Wenn der Heiler stärker ist, legt er die Hand oder zwei Finger

seiner Hand in die Nähe des Ellbogens; wenn der Klient stärker ist, verlagert der Heiler die Hand weiter zum Handgelenk. Dadurch soll die Stelle gefunden werden, an der sich der Arm kaum oder gar nicht bewegen läßt. Vielleicht klingt das ein wenig kompliziert, aber wenn Sie es üben, werden Sie bald wissen, worauf Sie achten müssen und den richtigen Punkt finden, der »Knickpunkt« genannt wird.

3. Der Klient legt die andere Hand mit der Handfläche nach oben unter die Wurzel der Wirbelsäule.
4. Der Heiler fordert ihn auf, abermals Widerstand zu leisten, und versucht wieder, den Arm niederzudrücken. Wenn sich der Arm leicht hinunterdrücken läßt, dann bedeutet dies, daß das Wurzelchakra gestärkt werden muß.
5. Dann legt der Klient die Hand auf den Nabel, und das nächste Chakra wird getestet.
6. Der Klient geht nacheinander alle Chakras durch, indem er die Hand auf den Nabel, aufs Herz, auf die Kehle, aufs dritte Auge und auf den Kopf legt. Der Heiler weist ihn jedesmal an, die andere Hand zur Faust zu ballen und Widerstand zu leisten. Mit dieser Methode ist es für den Heiler, den Klienten und jeden Beobachter leicht, die Unterschiede in der Stärke verschiedener Chakras zu erkennen. (Es ist natürlich möglich, daß man auf jemanden trifft, dessen Energie völlig im Gleichgewicht ist, so daß er bei allen Chakras gleich stark ist. Wenn man aber an die Anforderungen und den Streß in unserer Welt denkt, ist es wahrscheinlicher, daß Sie den richtigen Punkt am Arm nicht gefunden haben.)
7. Der Heiler bittet den Klienten, aus einer Reihe von Kristallen einen auszusuchen.
8. Der Heiler macht mit dem Kristall kreisende Bewegungen über dem Körper; dabei sucht er sich die Entfernung aus, in der er die stärkste Energie spürt. Der Kristall wird, mit der Spitze zum Klienten, im Uhrzeigersinn bewegt; beginnend beim Wurzelchakra arbeitet sich der Heiler nach oben und bittet um Rückmeldungen. Der blockierte Bereich fühlt sich oft zäh an, und der Klient berichtet vielleicht von Hitze- oder Kälteemp-

findungen oder einem Prickeln. Wenn der Bereich klarer wird, läßt sich der Kristall leichter bewegen.

9. Am Ende der Kristallbalancierungsübung nimmt der Heiler den Kristall und führt ihn in gerader Linie den Körper hinauf. Dann schüttelte er ihn vom Klienten weg aus, fährt die Gliedmaßen hinunter und schüttelt ihn nach jedem Arm oder Bein abermals aus. Damit werden die Energien im Körper versiegelt.
10. Dann wird der Muskeltest für jedes Chakra wiederholt, um zu testen, welche Veränderungen die Balancierung bewirkt hat.

Diese Methode ist besonders wirkungsvoll, wenn man es mit Skeptikern zu tun hat, denn der Unterschied ist gewöhnlich sehr deutlich.

Auflösen von Energieblockaden

Diese Technik wird von Carol Glover angewendet, einer Heilerin und Lehrerin aus Santa Fe. Die Methode ist der oben beschriebenen ähnlich, doch werden hier ausschließlich Kristalle benutzt, um blockierte Bereiche zu finden. Da diese Testmethode feiner ist, erfordert sie mehr Übung und Erfahrung. Für diese Methode brauchen Sie einen Massagetisch, einen Kristall und fünfzehn bis fünfundvierzig Minuten Zeit.

1. Ihr Partner legt sich mit dem Rücken auf den Massagetisch. Nachdem Sie sich auf ihn eingestimmt und um Erlaubnis gebeten haben, diese Methode zu benutzen, nehmen Sie einen zugespitzten, durchsichtigen Kristall in die rechte Hand.
2. Sie ziehen die Seite des Kristalls langsam im Energiefeld Ihres Partners hin und her; Sie beginnen beim Kopf und arbeiten sich bis zu den Füßen. Halten Sie den Kristall etwa fünfzehn Zentimeter vom Körper entfernt.
3. Sie werden es spüren, wenn Sie in einen blockierten Bereich kommen. Das fühlt sich für jeden Menschen anders an; deshalb

müssen Sie sich mit Ihren eigenen Empfindungen vertraut machen. Bei Carol scheint der Kristall zu ziehen; bei anderen könnte der Kristall schwerer werden oder seine Temperatur verändern, Sie könnten ein Kribbeln in der Hand oder am Ellbogen spüren. Es spielt keine Rolle, was für ein Gefühl entsteht, solange Sie nur lernen, es korrekt zu identifizieren.

4. Richten Sie die Spitze des Kristalls auf den Körper Ihres Partners, und führen Sie spiralenartige Bewegungen aus, die sich von seinem Körper entfernen. Bewegen Sie den Kristall gegen den Uhrzeigersinn, um die Blockade aufzulösen; bewegen Sie ihn im Uhrzeigersinn, um dem Bereich Energie zuzuführen. Carol bewegt ihren Kristall normalerweise zuerst gegen den Uhrzeigersinn, danach manchmal im Uhrzeigersinn. Fahren Sie damit fort, bis Sie spüren, wie sich die Energien verändern. Sie werden ein Signal erhalten, wenn Sie aufhören sollen.
5. Prüfen Sie mit der Seitenfläche des Kristalls, ob sich etwas verändert hat – ob sich die Blockade verlagert hat oder kleiner geworden ist.
6. Wenn Sie mit einem Bereich fertig sind, fahren Sie mit dem nächsten fort, bis Sie den ganzen Körper überprüft und ausbalanciert haben. Fangen Sie von vorn an, und bearbeiten Sie danach den Rücken.
7. Reinigen Sie die Aura mit der Seitenfläche des Kristalls. Beginnen Sie am Kopf, und arbeiten Sie sich mit Streichbewegungen bis zu den Füßen hinunter.

Reflexzonen

Diese Technik stammt von Dawn Silver aus Chicago. Sie lernte sie von Carol Glover. Sie brauchen dazu vier Kristalle und zehn bis dreißig Minuten Zeit.

1. Ihr Partner legt sich auf den Rücken – auf den Boden oder auf einen Massagetisch.

2. Sie nehmen beide einen Kristall in die rechte Hand – die Spitzen weisen nach außen – und einen in die linke Hand mit der Spitze nach innen.
3. Der Heiler sitzt am Fußende des Klienten und legt die rechte Hand (mit dem nach außen weisenden Kristall) unter den linken Fuß des Klienten. Die breite Seite des Kristalls liegt an der Fußsohle, die Spitze zeigt zur Hacke.
4. Der Heiler legt die linke Hand mit dem nach innen weisenden Kristall unter den rechten Fuß des Klienten; die Spitze weist zu den Zehen.
5. Während er beide Kristalle unter den Füßen des Klienten berührt, legt der Heiler einen oder mehrere Finger oben auf den Fuß und tastet nach dem Puls zwischen dem großen Zeh und der ersten Zehe.
6. Der Heiler achtet auf die Kristalle. Sie könnten stark und möglicherweise ungleichmäßig pulsieren, oder die Temperatur der Kristalle verändert sich. Da die Energie rechts abfließt und links aufgenommen wird, baut diese Übung zwischen Ihnen und dem Klienten einen Energieaustausch auf. Dadurch wird sein gesamtes Nervensystem ausbalanciert. Wenn die Kristalle sich anfühlen, als summten oder vibrierten sie nur noch ruhig und gleichmäßig – nach etwa fünf bis zwanzig Minuten –, dann ist die Behandlung beendet.

Kristall-Kraftstab

Die folgende Technik stammt von Michael G. Smith aus Lakewood, Colorado, der die Arbeit mit dem Kristall-Kraftstab 1973 wiederentdeckte. Für diese Methode braucht man einen Kristallstab; solche Stäbe kann man in manchen Geschäften kaufen oder nach Anleitungen herstellen.

Michael berichtet, daß inzwischen viele Leute in vielen Ländern Kristall-Kraftstäbe als Hilfsmittel benutzen. Michael hält die rasche Verbreitung des Wissens über Kristalle für ein Anzeichen dafür, daß die Leute auch in früheren Leben mit Kristallen vertraut waren. Sein eigenes Wissen über Kristallstäbe entsprang jahrelanger Arbeit. Er experimentierte vierzehn Jahre lang und bekam Rückmeldungen von vielen Menschen, die Kristall-Kraftstäbe benutzen. Für diese Methode braucht man nur eine bis fünf Minuten Zeit, sobald man genug Erfahrung gesammelt hat.

1. Formen Sie eine Energiekugel zwischen Ihren Händen, indem Sie sich eine Miniatursonne vorstellen. Damit wird der Strom der heilenden Energie in den Händen in Gang gesetzt. Halten Sie die Hände einander mit leicht gekrümmten Fingern gegenüber. Dabei sollten Sie einen Energiestrom als Hitze, Kälte oder Prickeln spüren. Lassen Sie die Hände langsam in entgegengesetzten Richtungen kreisen, bis das Gefühl stärker wird. Stellen Sie sich dabei die Miniatursonne vor. Entfernen Sie die Hände voneinander, dann bringen Sie sie wieder näher zusammen. Sie sollten dabei spüren, wie sich die Energiekugel mitbewegt.
2. Nehmen Sie den Kristallstab in eine Hand und zeichnen Sie ein- bis viermal die Körperumrisse des Klienten nach, um seine Aura oder sein biomagnetisches Energiefeld auszubalancieren.
3. Stellen Sie sich dabei vor, daß ein Strahl aus blauweißer Lichtenergie aus dem Kristall fließt und ins Energiefeld des Klienten strömt. Die Vorstellung dieser Energie wird am besten verstärkt durch ein warmes Gefühl bedingungsloser Liebe für das Universum und durch das Bewußtsein der Einheit mit dem Universum, mit der Mutter Erde und dem Klienten.
4. Nachdem der Energiestrom die Aura ausbalanciert hat, spüren Sie vielleicht eine besonders heiße Stelle, wenn Sie mit der Hand über das Energiefeld des Körpers streichen; oder der Klient berichtet Ihnen von einem gestörten Bereich, in dem die Energie blockiert ist.
5. Diesen Bereich können Sie ausbalancieren, indem Sie den Kristallstab aus etwa fünfzehn Zentimetern Entfernung auf die Stelle richten, während Sie die zweite Hand über die heiße Stelle halten. Normalerweise wird die Hitze nach ein paar Minuten verschwinden – dann ist die Energie ausgeglichen.

Heilung durch »den großen Kreis«

Diese Methode, durch die heilende Energien kanalisiert werden, haben wir von Großmutter Mahad'yuni gelernt. Erfahrene können damit gute Ergebnisse erzielen. Wenn Großmutter Mahad'yuni sie benutzte, mußte sie sehr darauf achten, den Kristall nicht zu lange über den Klienten zu halten, weil dieser sonst durch die entstehende Hitze Verbrennungen bekam. Eine so starke Abstrahlung haben wir noch nie erreicht. Wir benutzen einen Auslösekristall; das ist ein mittelgroßer, ziemlich klarer Kristall mit einer gut ausgebildeten Spitze und einem kleinen zweiten Kristall in der Nähe der Basis. Für diese Methode brauchen Sie außerdem einen Erdungsstein (das ist irgendein anderer Stein, aber meist kein Kristall, der sehr viel Erdenergie gespeichert hat). Ein Stein, den Sie in der Natur gefunden und nach den angemessenen Gebeten mitgenommen haben, funktioniert am besten. Außerdem brauchen Sie Material zum Reinigen und fünf bis fünfzehn Minuten Zeit.

1. Geben Sie dem Klienten den Erdungsstein, der vorher gereinigt wurde. Der Klient soll ihn über den Bereich halten, der geheilt werden soll.
2. Nehmen Sie den Auslösekristall in die stärker heilende Hand; der Daumen liegt dabei auf dem kleinen »Auswuchs«, die Spitze des größeren Kristalls zeigt von Ihrem Daumen weg.
3. Der Klient steht eine Armeslänge entfernt von Ihnen.
4. Bewegen Sie die Hand mit dem Kristall (der Arm soll ziemlich gerade bleiben) von Ihrer Seite in einem großen Kreis nach außen bis über den Kopf des Klienten. Wir nennen diese Bewegung den »großen Kreis«.
5. Wiederholen Sie die Bewegung viermal.
6. Berühren Sie beim vierten Mal das Krönungschakra des Klienten mit der Spitze des Kristalls, und drücken Sie dabei auf den kleinen Kristall, um zusätzliche Energie frei werden zu lassen. Wir lassen den Kristall je nach erzeugter Energie nur ein paar Sekunden dort.

7. Sie können den Ablauf einige Male wiederholen, aber Sie sollten aufhören, wenn der Klient Anzeichen von Unruhe zeigt.

Lassen Sie sich beim Erlernen dieser Übungen Zeit. Arbeiten Sie so lange, bis Sie eine beherrschen, bevor Sie mit der nächsten beginnen. Beim Lernen werden Sie feststellen, daß einige besser zu Ihnen passen als andere. Mit der Zeit werden Sie immer sicherer und ruhiger. Vergessen Sie bei keiner Übung, dem Schöpfer, der Mutter Erde und den Kristallen für die Hilfe zu danken, die sie Ihnen angedeihen lassen. Sie schenken Ihnen die Energie, die alles Leben umschließt und in allem Leben enthalten ist.

6
Kristalle und Telepathie

Bevor Sie dieses Kapitel überschlagen, weil Sie sicher sind, kein Telepath zu sein, sollten Sie eines bedenken: Jeder Mensch wird als Telepath geboren. Telepathisch zu sein ist nicht anormal. Die Empfänglichkeit für die Umgebung und weit entfernte Gegebenheiten ist angeboren. Erst die soziale Konditionierung drängt diese Fähigkeit in den Hintergrund. Manche Menschen erwecken diese Fähigkeit von neuem, manche lassen sie dort, wo der soziale Einfluß sie hingeschoben hat, nämlich außer Reichweite. Aber niemand kommt ohne diese psychische Fähigkeit auf die Welt.

Wie Kapitel 5 enthält auch dieser Abschnitt Techniken, Methoden und Übungen, die Sie mit Kristallen ausführen können, um Ihre Fähigkeiten zu stärken; die Bandbreite reicht von der Weissagung über das Träumen bis zu außerkörperlichen Erfahrungen. Die Übungen bauen aufeinander auf, am Anfang kommen die einfachsten. Wir empfehlen Ihnen dringend, die Anweisungen mindestens einmal gründlich zu lesen, am besten sogar mehrmals, bevor Sie sich ans Werk machen.

Sie sind ein Medium. Vielleicht haben Sie Ihre Fähigkeiten bis jetzt nur noch nicht erprobt.

Kristalle verstärken die Botschaften der Wesen um uns, die unsichtbar scheinen, weil sie nicht körperlich sind, die aber sichtbar werden können, wenn wir unser inneres Auge öffnen. Da Kristalle Energien verstärken – einschließlich der Energien des Geistes –, sind sie hervorragende Werkzeuge für die Wiederentdeckung unserer angeborenen telepathischen Empfänglichkeit. Es ist in der Tat eine Wiederentdeckung, denn diese mediale Fähigkeit kann nur verdeckt und verdrängt werden – vernichten kann man sie nicht.

Wir müssen einige Bemerkungen über Weissagung und Telepathie vorausschicken: Die Antwort, die Sie vom Geist erhalten, reflektiert ganz direkt alle Teile der Frage, die Sie gestellt haben; es können Aspekte wirken, mit denen Sie noch nicht in Kontakt sind; es können sich Ereignisse ankündigen, deren Ansätze noch nicht erkennbar sind. Nehmen wir an, Sie möchten wissen, ob Sie sich im nächsten Jahr ein neues Auto kaufen sollen. Oberflächlich betrachtet spielen hier nur Ihre Finanzen eine Rolle, aber vielleicht wissen Sie nicht, daß Ihr Vetter Jim sich entschlossen hat, in sechs Monaten dieses Reich zu verlassen und Sie als Erben einzusetzen. Sie wissen nichts davon, weil sich diese Ereignisse noch nicht manifestiert haben. Doch der Geist weiß es. Da es immer Aspekte gibt, die Ihnen nicht bewußt sind, sollten Sie jede Frage so einfach und klar wie möglich stellen. Die Aufgabe, Fragen zu stellen, die eindeutig beantwortet werden können, liegt allein bei Ihnen.

Zeit ist ein Konzept, das in unserem Reich zum Zwecke der Konzentration entwickelt wurde. Zeit hat mit unserer dreidimensionalen Sichtweise des Universums zu tun. Sie existiert, um unsere Energien und unsere geistigen Fähigkeiten zu konzentrieren. Außer als Konzept hat sie aber keine Existenzberechtigung. Sie ist eine Lebensbedingung auf dieser Ebene der Existenz, aber keine Wirklichkeit. In den Reichen, die jenseits des unseren liegen, existiert die Zeit nicht. Dort gibt es nur ein Fortschreiten von Ereignissen, die geschehen oder noch bevorstehen. Der Geist existiert in einer spiralförmigen Bewegung, in der es keine Zeit gibt. Seine Energien konzentrieren sich auf Bewegung und Evolution. Dies müssen Sie wissen, wenn Sie genaue Antworten vom Geist erhalten möchten. Wenn möglich, sollten Sie Fragen formulieren, die keinen zeitlichen Bezugsrahmen haben. Wenn das nicht geht, zergliedern Sie die Frage in mehrere Stufen, und formulieren Sie jeweils eigene Fragen.

Der weitverbreitetste Irrtum ist, daß man annimmt, der Geist sei allwissend und allsehend. Der Geist ist keins von beidem. Er existiert in seinem Bezugsrahmen, der sich sehr von unserem unterscheidet. Um exakte Antworten von ihm zu bekommen, müssen Sie die Fragen so formulieren, daß sie in seinen Bezugsrahmen passen. Wenn Sie natürlich einen geistigen Lehrer haben, dessen Aufgabe es ist, Ihnen zu helfen und Ihre Fragen zu beantworten, dann brauchen Sie sich über diese Anpassung nicht den Kopf zu zerbrechen. Wenn Sie aber keinen solchen Führer haben, überlegen Sie sich genau, wie Sie die Fragen formulieren, damit sie ganz klar sind.

Fragen nach der Zeit werden in zwei Kategorien beantwortet: vergangene Zeit und kommende Zeit. Fragen nach der nahen Zukunft – eine Periode von etwa drei Jahren – können eindeutig beantwortet werden, weil eine Periode von drei Jahren keine wirkliche Zukunft ist, sondern eine Art noch nicht ganz manifestierter Gegenwart. Jeder Zeitraum, der drei Jahre überschreitet, wird Schwierigkeiten machen, weil der Geist Ihnen nur sagen kann, was sich in gewisser Weise schon jetzt entfaltet hat. Ein Ereignis, das erst in hundert Jahren stattfinden soll, muß seine Wurzeln in Ihrem Bewußtsein, in Ihrer augenblicklichen Situation haben, um erkannt zu werden. Es muß bereits ein Same für dieses Ereignis gesät sein, damit es vorhersagbar ist. Wenn ein Potential in der augenblicklichen Realität keine Existenzgrundlage hat, kann es nicht vorausgesagt werden. Das bedeutet nicht, daß es nicht geschehen wird, es ist eben nur nicht voraussagbar.

So etwas wie eine festgelegte Zukunft gibt es also nicht. Wenn Sie sich die »Zukunft« als »Weiterentwicklung der Gegenwart« vorstellen, lernen Sie schnell, wie Sie die Fragen richtig formulieren können. Die Zeit- und Klärungsübung, die später in diesem Kapitel beschrieben wird, erklärt Ihnen, wie Sie Fragen mit zeitlichem Bezug unzweideutig stellen können. Bevor Sie mit dem Fragen beginnen, möchten wir Ihnen noch zeigen, wie Sie unterscheiden können, ob eine Antwort ein gültiger telepathischer Eindruck oder ein Produkt Ihrer Phantasie ist.

Es gibt drei Merkmale, anhand derer wir telepathische Mitteilungen von purer Phantasie unterscheiden können: das Timing, das Fehlen von emotionalem Gehalt und die Geschwindigkeit. Die allererste Vision, Idee oder Erkenntnis, die Sie erhalten, ist gewöhnlich eine telepathische Mitteilung. Sie sind meist nicht von Emotionen begleitet und scheinen wie Visionen oder dringen wie flüchtige Gedanken in Ihr Bewußtsein, aber Sie fühlen nichts dabei. Drittens blitzen psychische Botschaften gewöhnlich so schnell auf, daß Sie Mühe haben, sie festzuhalten, während Ihre Phantasien sich mehr Zeit nehmen.

Denken Sie immer daran, daß Sie jede Frage so einfach und eindeutig wie möglich stellen. Im folgenden wollen wir einige Methoden zur telepathischen Entwicklung vorstellen, an deren Anfang jeweils eine Liste der Dinge steht, die Sie brauchen. Halten Sie diese Dinge bereit, bevor Sie beginnen, damit Sie Ihre Konzentration später nicht mehr unterbrechen müssen.

Allgemeine Weissagetechnik

Dies ist eine Weissagungstechnik, die Reed für viele Arten von Fragen verwendet. Sie brauchen dazu einen klaren Quarzkristall, je größer, desto besser, solange Sie ihn halten können, ohne ihn abstützen zu müssen. Sie nehmen ihn in beide Hände. Es schadet nicht, wenn er Einschlüsse oder Rutile hat. Benutzen Sie für diese Methode keine farbigen Kristalle. Außerdem brauchen Sie ein Notizbuch und einen Erdungsstein – das ist ein Stein, in dem Eisen enthalten ist –, auf den Sie den Kristall später legen können. Hämatite oder Pyrite sind gut geeignet; letztere sind allerdings meist zu unförmig und hart, um einen Kristall auszubalancieren. Wenn Sie keinen Erdungsstein parat haben, müssen Sie Ihre Konzentration unterbrechen, um den Kristall zur Erdung draußen zu vergraben.

1. Zentrieren Sie sich, und überlegen Sie sich die Frage, die Sie beantwortet haben möchten. Wenn die Frage etwas einschließt, das in der Zukunft liegt, dann richten Sie sich nach Norden aus, denn der Norden ist die Richtung der Ereignisse, die noch nicht stattgefunden haben. Wenn die Frage auf etwas abzielt, das be-

reits im Gange ist, dann wenden Sie sich nach Osten, und wenn sie mit der Vergangenheit zu tun hat, nach Westen. Reed läßt den Süden aus, weil der Süden psychisch magnetischer ist als die anderen drei Himmelsrichtungen; er ist sogar magnetischer, als für diese Methode gut ist. Außerdem ist der Süden die Himmelsrichtung des Wassers, und wenn Sie in diese Richtung blicken, können die Energien, die in der Frage liegen, so weit verstärkt werden, daß Sie sie nicht mehr kontrollieren können; die Energien können dann in Bereiche abwandern, in die sie nicht gehören. Der Süden ist für jede Art psychischer Arbeit eine gefährliche Himmelsrichtung. Wenn Ihre Energien Sie verlassen haben und nach Süden ziehen, können sie nach Belieben herumwandern, und Sie sind nicht mehr in der Lage, sie zu dirigieren oder zurückzurufen.

Der Westen ist nicht nur der Ort der Vergangenheit, sondern auch der Ort der Geheimnisse und des psychischen Todes. Das bedeutet, daß er auch der Ort von Formveränderungen ist. Wenn Ihre Frage sich um den Tod dreht, schauen Sie auch nach Westen, ebenso, wenn es um eine Art von Tod – etwa das Ende einer beruflichen Laufbahn – geht. Die zukünftigen Ereignisse erfahren Sie, indem Sie sich nach Norden wenden. Dinge, die gerade im Gange sind, haben im Osten ihren Platz.

2. Wenn Sie die nötige Klarheit gewonnen und die richtige Himmelsrichtung gefunden haben, dann formulieren Sie emotionslos Ihre Frage. Diese Weissagungsmethode verstärkt Ihre eigenen Energien der Antwort. Wenn Sie die Frage zornig stellen, (»Wie kann ich Helmut heimzahlen, was er mir angetan hat?«), bekommen Sie Ihren eigenen Ärger, den Ärger, der in der Frage liegt, und den Ärger der Antwort postwendend zurück. Wenn Sie also nicht an Ihrer oder an Helmuts negativer Energie erstikken möchten, sollten Sie die Frage in objektiven Begriffen stellen. Wenn Sie vor Wut kochen, ist es besser, die Übung gar nicht erst anzufangen. Benutzen Sie nie Kristalle, solange Sie in einer negativen Stimmung sind. Warten Sie, bis Sie die Frage leidenschaftslos stellen können, bevor Sie sich wieder mit ihr beschäftigen.

3. Stehen Sie aufrecht, und blicken Sie in die entsprechende Richtung. Halten Sie den Kristall in beiden Händen. Ihre Hände sollen sich dabei berühren, die Daumen sollen über Kreuz liegen, etwa fünf Zentimeter vor dem Solarplexus. Die Basis soll auf Sie weisen, die Spitze von Ihnen weg. Holen Sie dreimal tief Luft, und stellen Sie die Frage. Bleiben Sie einen Augenblick ganz ruhig, und konzentrieren Sie sich auf die Frage und Ihre Zentrierung.
4. Drehen Sie den Kristall nach etwa einer Minute rasch herum, so daß die Spitze auf Ihren Solarplexus weist. Fühlen, hören, sehen Sie und nehmen Sie alles auf, was zu Ihnen kommt. Unterscheiden Sie nicht zwischen den Eindrücken, sondern lassen Sie einfach zu. Wenn Ihnen Erwartungen in bezug auf die Antwort in den Kopf kommen, lassen Sie sie los. Konzentrieren Sie sich auf die Eindrücke oder Gefühle, die Sie empfangen, und machen Sie sich keine Sorgen, Sie könnten sie vergessen. Sie werden sich später daran erinnern. Was immer zu Ihnen kommt, ist die Antwort, ob es nun die Antwort ist, die Sie erwartet haben, oder eine, die Sie im ersten Augenblick nicht verstehen.
5. Legen Sie den Kristall sofort auf den Erdungsstein, wenn die Eindrücke und Empfindungen nachlassen, damit er gereinigt wird. Der Erdungsstein sollte sich rechts von Ihnen befinden – denn sonst empfangen Sie weiterhin die Energien, die die Frage ausgelöst hat.

   Lassen Sie den Kristall mindestens zehn Minuten auf dem Erdungsstein, bis sich die Energien erschöpft haben. Wenn Sie keinen Erdungsstein haben, stecken Sie den Kristall draußen ins Erdreich.

   Halten Sie den Kristall, nachdem die Eindrücke nachgelassen haben, nicht weiter fest, in der Hoffnung, noch mehr Botschaften zu bekommen. Sie müssen erst verstehen, was Sie erfahren haben, und den Kristall reinigen, bevor Sie eine neue Frage stellen können.
6. Setzen Sie sich still hin, und gehen Sie alles durch, was Sie erfahren haben. Bei telepathischen Botschaften gibt es kein Richtig oder Falsch. Manche Menschen sehen Bilder, manche hören die

Geräusche von Tieren, Stimmen oder Musik. Sehr viele telepathisch eingestimmte Menschen erhalten Eindrücke, die weder gesehen noch gehört werden.

Was immer Sie wahrgenommen haben, nachdem Sie den Kristall umgedreht haben, ist eine eindeutig telepathische Botschaft. Jeder Eindruck, den Sie aufgefangen haben, ist echt, wenn Sie ihn nicht beim Empfangen zensiert haben. Während der Kristall geerdet wird, können Sie noch einmal genau über Ihre Erfahrung nachdenken und sich Notizen machen.

Auf diese Weise können Sie eine Menge über sich selbst lernen, außerdem wird Ihnen auffallen, wie viele Energien Sie bis jetzt in negative Gefühle wie Ärger oder Schadenfreude investiert haben. Sie lernen Ihre Ängste kennen. Von dem Augenblick an, in dem Sie den Kristall herumdrehen, empfangen Sie nicht nur eine Antwort, sondern auch Eindrücke von sich selbst. Der Kristall reflektiert Aspekte Ihres Wesens. Die Informationen, die Sie als Antwort erhalten, sind gewiß nützlich, aber manchmal hilft es mehr, sich selbst genauer kennenzulernen.

Wenn Sie sich ausgiebig mit der ersten Frage beschäftigt haben und noch eine Frage stellen möchten, können Sie, nachdem der Kristall wieder geerdet ist, fortfahren. Sie sollten aber auf keinen Fall den Geist belästigen, weil Ihnen die Antwort auf die erste Frage nicht gefällt. Sie wissen ja inzwischen, daß in einem solchen Fall nichts anderes passiert, als daß Ihre Unzufriedenheit verstärkt auf Sie zurückfällt.

Hier noch einmal das Wichtigste für diese Übung: Formulieren Sie Ihre Frage klar und emotionslos. Reinigen Sie den Kristall nach jeder Frage. Akzeptieren Sie die erhaltene Antwort, und denken Sie darüber nach. Überlegen Sie, was Ihnen der Kristall über Aspekte Ihres eigenen Wesens verraten hat. Sie werden sehr bald die Zusammenhänge zu Ihrem Problem erkennen. Vermutlich bringt Ihnen das mehr Nutzen als eindeutige Antworten.

Reise ins Innere eines Kristalls

Wenn Sie eine Reise mit einem Kristall unternehmen, den Sie einem Zweck geweiht oder mit Ihrem höheren Selbst verbunden haben, können Sie viel über Ihr geistiges Wesen erfahren und Ihre höhere Intelligenz kennenlernen. Ein Kristall, den Sie nicht spirituell an sich gebunden haben, führt Sie zu sich.

Suchen Sie sich den Kristall aus, mit dem Sie reisen möchten.

1. Legen Sie sich mit den Füßen nach Süden und dem Kopf nach Norden auf den Boden. Den Kristall plazieren Sie mit der Basis nach oben auf Ihr drittes Auge.
2. Verlangsamen Sie allmählich Ihren Atem und bitten Sie den Kristall, indem Sie die rechte Hand auf ihn legen, Sie in ihn einzulassen.
3. Sie werden sofort merken, ob Sie die Reise ins innere Wesen des Kristalls oder in Ihr eigenes führt. Wenn Sie sich selbst besuchen, staunen Sie vielleicht über die Aspekte, die Sie bis jetzt noch nicht kennengelernt haben. Sie könnten in einen Wirbel sich bewegender Elektronen oder in strahlendes Licht eintauchen und starke Empfindungen, zum Beispiel ein großes Glücksgefühl, erleben.
4. Wenn Sie sich lange genug umgesehen haben, bitten Sie den Kristall, Sie zu Ihrem Körper zurückzuführen.
5. Lassen Sie sich genug Zeit, um wieder in die Realität zurückzukehren, ehe Sie etwas unternehmen. Reinigen Sie den Kristall und sich selbst, wenn Sie das Gefühl haben, daß es nötig ist.

Erkennen von Problemen

Reed bittet nervöse Klienten zuerst, sich zu setzen und tief Luft zu holen. Danach fragt sie ihn, ob er wirklich eine Weissagung will. Manche Menschen bemerken erst, daß sie Angst vor einer Weissagung haben, wenn sie zum Termin kommen. Reed möchte keine widerstrebenden Klienten haben, deshalb nimmt sie sich Zeit herauszufinden, ob die Sitzung stattfinden soll oder nicht. Wenn der Klient Widerstände hat, sagt sie ihm, daß er ihr nichts schuldig ist und gehen kann, wenn er das für richtig hält.

Wenn er die Deutung will, aber dennoch sehr nervös oder besorgt ist, fordert sie ihn auf, in der folgenden Weise mit ihr zusammenzuarbeiten:

1. Der Klient nimmt einen klaren Kristall in die linke und einen Rauchquarz in die rechte Hand.
2. Reed spricht zuerst ein Gebet, und dann beginnt die Deutung. Die Kristalle helfen, die Aufmerksamkeit auf die Probleme des Klienten zu lenken und seine nervösen Energien ins Gleichgewicht zu bringen.
3. Die beiden Kristalle sind ungefähr faustgroß. Der Klient hält sie gleichzeitig etwa fünf Minuten fest. Wenn er außer ihrer beruhigenden Wirkung eine andere Reaktion zeigt, nimmt Reed ihm die Kristalle ab. Ein stark unter Spannung stehender oder körperlich kranker Mensch könnte durch die Verstärkungswirkung der Kristalle geschädigt werden.
4. Der durchsichtige Kristall verstärkt zersplitterte Energien, so daß sie leicht zu identifizieren sind. Der Rauchquarz empfängt sie und entfernt sie aus dem Körper oder Ätherkörper des Klienten. Die aufnehmende Hand bringt die Schwierigkeiten ans Licht, während die abstrahlende rechte Hand die Energien in den Rauchquarz überträgt.
5. Während dieses Prozesses kann Reed sehen, welche negativen Energien vorhanden sind. Die Kristalle und nicht der Hellseher ziehen sie aus dem Klienten heraus und befreien ihn von ihnen.

Während die Energien in Bewegung sind, kann Reed die Probleme rascher identifizieren, als es gewöhnlich möglich wäre.

6. Wenn im Körper eine Energieblockade besteht, hilft der Austausch zwischen den beiden Kristallen, sie ans Licht zu bringen. Die meisten Menschen haben mehr als ein Ungleichgewicht, mehr als eine Allergie, mehr als ein Symptom wie Rückenschmerzen oder Schlaflosigkeit. Die Kristalle arbeiten zusammen und offenbaren die gravierendsten Schwierigkeiten, weil sie die Energien verstärken und energetische Probleme beleuchten.
7. Reed hat diese Technik für die Arbeit mit ihren Klienten entwikkelt; sie sollte als Hilfe für einen Hellseher und nicht als vollständige Diagnosemethode verstanden werden.

Traumerinnerung

Im Schlaf verlassen wir unseren Körper und treten in andere Reiche ein; manchmal nur zum Vergnügen, manchmal, um mit dem Reich, aus dem wir gekommen sind, Kontakt aufzunehmen und zu lernen. Wenn Sie nicht daran glauben, können Sie ja sagen, daß wir im Schlaf Träume haben. In jedem Fall ist die folgende Technik eine gewaltige Hilfe, wenn man sich an Traumbilder erinnern will.

Für diese Übung brauchen Sie einen klaren Quarzkristall und Schreibzeug. Nach dem Aufwachen sollten Sie sich etwa eine Stunde Zeit nehmen.

1. Nehmen Sie beim Einschlafen einen klaren Kristall in die rechte Hand und bitten Sie ihn, Ihnen eine leichte Reise zu ermöglichen. Sagen Sie ihm, daß Sie nicht an einem Ort, der nicht Ihr Ziel ist, verweilen möchten.
2. Dann nehmen Sie den Kristall in die linke Hand, und schlafen Sie. Eigentlich brauchen Sie sich keine Sorgen zu machen, daß der Kristall aus dem Bett fallen könnte, aber Sie können ihn ja trotzdem mit der Spitze nach oben zwischen Daumen und Zeigefinger mit Klebeband festkleben.

3. Wenn Sie nachts aufwachen, notieren Sie sich alles, was Sie noch wissen, alle Visionen oder Symbole, die Sie im Schlaf gesehen haben. Nehmen Sie den Kristall wieder in die linke Hand, bevor Sie erneut einschlafen.
4. Sie können sich natürlich, wenn Sie durchschlafen, auch erst morgens Notizen machen. Während Sie Ihre Eindrücke aufschreiben, sollten Sie keine Wertung vornehmen oder irgendwelche Visionen zusammenfassen – notieren Sie einfach, woran Sie sich erinnern.
5. Lassen Sie die Symbole und Visionen noch einmal durch Ihren Geist fließen, ohne emotional zu reagieren.
6. Wenn alles notiert ist und Sie keine Angst mehr haben müssen, etwas zu vergessen, legen Sie sich mit dem Kopf nach Norden und den Füßen nach Süden wieder hin, auch wenn das nicht die Richtung ist, in der Sie geschlafen haben. Plazieren Sie den Kristall mit der Spitze nach oben auf Ihr drittes Auge, kreuzen Sie Ihre Beine und Arme – dadurch schirmen Sie sich vor Außeneinflüssen ab.
7. Verlangsamen Sie Ihren Atem und konzentrieren Sie sich auf Ihr drittes Auge, und lenken Sie Ihre Aufmerksamkeit zum Mittelpunkt zwischen dem Schädeldach und dem Krönungschakra, das etwa zwanzig Zentimeter über dem Kopf liegt. Lassen Sie Ihr Bewußtsein dort, auf der Grenzlinie zwischen Traum und Wachzustand.

   Vertiefen Sie sich nicht in diesen Bereich, weil sonst eine Astralreise beginnen würde, und schlafen Sie nicht wieder ein.
8. Lassen Sie die Traumbilder, Gefühle und Eindrücke in Ihr Bewußtsein kommen.
9. Fragen Sie sich, was die Bilder zu bedeuten haben, was die wichtigste Botschaft ist oder in welches Reich Sie gereist sind. Wenn Sie sich Notizen machen müssen, weil Sie viele Informationen bekommen, tun Sie es, legen Sie sich danach noch einmal hin, und richten Sie Ihre Aufmerksamkeit wieder auf den Mittelpunkt zwischen Kopf und Krönungschakra. Vergessen Sie nicht, den Kristall mit der Spitze nach oben auf Ihr drittes Auge zu legen.

10. Während dieser Erfahrung sollten Sie noch nicht den Versuch unternehmen, die Informationen zu beurteilen – dafür haben Sie später noch genug Zeit. Dann werden Sie auch verstehen, wie Sie die Eindrücke in Ihrem Alltagsleben verwerten können. Natürlich sind Sie in der Lage, jederzeit wieder in die »reale« Welt zurückzukommen. Normalerweise bedrängt sie Sie viel früher, als Ihnen lieb ist.
11. Wenn Sie das Gefühl haben, sich eine Vision, die Sie im »Traum« erlebt haben, genauer anschauen zu müssen, legen Sie den Kristall langsam mit der rechten Hand auf Ihr Krönungschakra. Die Spitze muß nach oben deuten.
    Tauchen Sie in die Erinnerung ein, und plazieren Sie den Kristall – immer mit der Spitze nach oben – wieder auf Ihr drittes Auge.
12. Verfolgen Sie noch einmal die Vision, und legen Sie den Kristall rechts neben sich ab. Stehen Sie nicht sofort auf, sondern lassen Sie Ihrem Geist Zeit, sich wieder an die Realität zu gewöhnen.
13. Schreiben Sie alles auf, und reinigen Sie den Kristall, wenn Sie glauben, daß es nötig ist.
14. Lassen Sie sich Zeit, bis Sie wieder aktiv werden, sonst laufen Sie Gefahr, den ganzen Tag über ein wenig geistesabwesend zu sein.
15. Wenn Sie sich nach dem Aufwachen oder nach der Übung etwas benommen fühlen, stecken Sie sich einen Hämatit, einen Pyrit oder Jaspis in die linke Hosentasche, und tragen Sie ihn den ganzen Tag bei sich.
16. Sie können sich aber auch schnell erden. Drücken Sie ein paar Sekunden die Hände flach auf den Boden. Die Energie der Erde zieht Sie vollständig ins Wachbewußtsein. Wenn Sie dazu neigen, auch im Alltag Ihren Körper zu verlassen und die Übung für gefährlich halten, streuen Sie sich ein paar Salzkörner auf den Kopf. Das wird Ihnen helfen, nicht in Wachträume abzugleiten.

Zwiesprache mit dem Geist

Sie brauchen einen Amethyst und, wenn Sie möchten, einen Notizblock und einen Stift. Bei dieser Übung haben Sie die Gelegenheit, dem Geist Ihre Gedanken mitzuteilen. Kristalle leiten Informationen in beide Richtungen.

Sie müssen entscheiden, an welche der sechs heiligen Richtungen Sie sich wenden wollen. Wenn Sie mit dem Schöpfer Kontakt aufnehmen möchten, dann richten Sie Ihre Worte nach oben. Die Mutter Erde ist unten. Der Osten ist zuständig für neue Erfahrungen. Wenn Sie sich stark zum Norden hingezogen fühlen, interessieren Sie sich wahrscheinlich für das Reich, aus dem wir alle kommen. Der Süden steht für die Blüte des Lebens, also ist diese Richtung die richtige, wenn Ihr Thema mit Reife, Vertrauen, Wachstum oder Liebe zu tun hat. Nach Westen wenden Sie sich, wenn Sie dem Geist etwas über ein Ende oder über Geheimnisse mitzuteilen haben.

Der Amethyst hat die Farbe der spirituellen Transformation. Diese Farbe hilft Ihnen, den Bewußtseinssprung von der erdgebundenen Bedeutung Ihrer Worte zu ihrer spirituellen, metaphysischen Bedeutung zu tun. Eine einfache Aussage wie »Ich fühle mich einsam und brauche Hilfe« klingt in unserer Welt nicht ungewöhnlich, doch nach der Übertragung in die metaphysische Realität, die durch die Farbe des Amethysts (manchmal auch Christusfarbe genannt) bewirkt wird, wird diese Aussage zu einer Bestandsaufnahme Ihres Lebens, wie Sie es sehen, und zu einer Bitte um Hilfe.

Wenn Sie um Hilfe bitten, möchten Sie natürlich nicht mit einem zufällig anwesenden Geist Kontakt aufnehmen, sondern sich an ein spirituell entwickeltes Wesen wenden. Deshalb sollten Sie unsere Anweisungen genau befolgen.

1. Setzen Sie sich bequem hin und nehmen Sie den Amethyst in die rechte Hand. Überlegen Sie sich die Formulierung Ihrer Aussage genau. Sie sollte kurz und präzise sein. Sie stellen keine Frage, sondern übermitteln eine Botschaft, die durchaus emotional sein kann, wenn Ihnen danach zumute ist.

2. Holen Sie tief Luft, und atmen Sie langsam aus. Halten Sie den Kristall mit der rechten Hand vor Ihr drittes Auge (mitten auf der Stirn, zwei Zentimeter über den Augenbrauen). Konzentrieren Sie sich auf Ihre Aussage, denken Sie eine Minute an sie, und halten Sie die ganze Zeit den Kristall an Ihre Stirn.
3. Sie können die Aussage im Geist formulieren oder laut aussprechen. Halten Sie den Amethyst ans dritte Auge und wiederholen Sie Ihre Botschaft dreimal.
4. Legen Sie den Kristall einen Augenblick rechts neben sich ab, und empfangen Sie die Eindrücke, die zu Ihnen kommen.
5. Wenn die Eindrücke nachlassen, nehmen Sie den Kristall in die linke Hand und halten ihn wieder vor das dritte Auge. Empfangen Sie die Informationen, die Sie jetzt erhalten. Wahrscheinlich sind es mehr als zuvor.
6. Legen Sie den Kristall sofort nach rechts ab, wenn die Eindrücke aufhören.
7. Denken Sie über das Empfangene nach, und machen Sie sich, wenn Sie möchten, Notizen. Vielleicht erscheinen Ihnen die Visionen und Gedanken irgendwie zusammenhanglos, das macht gar nichts. Mit der Zeit werden Sie die Bedeutung der Botschaft eindeutig entschlüsseln.
8. Haben Sie etwas empfangen, das ein Rat sein könnte? Denken Sie darüber nach, und wägen Sie bewußt ab, bevor Sie handeln. Sie möchten schließlich keine Marionette sein, und die bloße Tatsache, daß Sie um Hilfe gebeten haben, verpflichtet Sie nicht, den Rat auch anzunehmen. Hüten Sie sich davor, den Bitten eines anderen Wesens, ob Mensch oder Geistwesen, bedingungslos zu entsprechen. Wenn Sie einem Wesen begegnen, das Sie nicht sehen können, sollten Sie vorsichtig sein.
9. Nachdem Sie die empfangenen Botschaften und Eindrücke mit Ihrem wachen Verstand überdacht haben, erden Sie sich, und verlassen Sie das Zimmer. Erden Sie auch Ihren Kristall, bevor Sie ihn wieder benutzen.
10. Bitten Sie vor dem Einschlafen darum, im Traum eine Klärung der Botschaften, die Sie durch diese Übung erhalten haben, zu empfangen. Fragen Sie, ob die Wesen, mit denen Sie gespro-

chen haben, Ihr spirituelles Wachstum wirklich fördern. Sprechen Sie ein Gebet mit dem Inhalt, daß die Wesen, wenn sie nicht gut für Sie sind, ihres Weges gehen und Sie in Frieden lassen sollen.

Mit etwas Umsicht und Vernunft können Sie mit entwickelten spirituellen Wesen sprechen und Botschaften von ihnen empfangen. Wenn Sie unvorsichtig und kritiklos alles in Ihr Leben eindringen lassen, laufen Sie Gefahr, nutzlose Kontakte aufrechtzuerhalten.

Zeit- und Klärungsübung

Für diese Übung brauchen Sie einen klaren Quarzkristall – je größer, desto besser, Sie müssen ihn nur halten können –, einen Notizblock, einen Stift und einen Erdungsstein. Wir wollen hier einmal annehmen, daß Sie fragen möchten, wann ein bestimmtes Ereignis eintritt, und daß die Situation durch zwei unterschiedliche Wünsche kompliziert wird. Sie möchten zum Beispiel ein neues Auto kaufen und im nächsten Sommer einen Monat nach London fahren. Sie haben ein regelmäßiges Einkommen und keinen Grund zur Annahme, daß Sie Ihren Job verlieren werden. Außerdem haben Sie bereits ein Auto, das aber dringend repariert werden muß. Anhand dieses Beispiels soll erläutert werden, wie man eine Problematik klärt und mit den zeitlichen Elementen einer Frage umgehen kann.

Da dem Schöpfer alles, was zu einer Frage gehört, bewußt ist, solange es nur in irgendeiner Weise existiert, können Sie das reparaturbedürftige Auto unberücksichtigt lassen. Dies kann als bekannt vorausgesetzt werden, weil es in Ihrer augenblicklichen Situation bereits Tatsache ist, auch Ihr Job gehört zu Ihrem Leben, es ist also auch kein Thema. Beschäftigen Sie sich mit Ihren Wünschen. Es sind drei: Sie möchten ein neues Auto haben, nach London fahren und einen Monat dort bleiben. Also geht es letztlich um die Zeit in London, um den Zeitraum für die Fahrt nach London und um das neue Auto in diesem Zeitrahmen.

Fragen Sie zuerst nach dem, was Sie möchten, und lassen Sie die Zeit außer acht. Dann stellen Sie nacheinander die Fragen nach der Zeit.

1. Wenden Sie sich nach Norden, weil die Frage mit noch unentwickelten Ereignissen zu tun hat. Halten Sie einen Kristall mit der Spitze nach außen fünf Zentimeter vor Ihren Solarplexus. Ihre Hände sollen sich berühren, die Daumen sind überkreuzt. Beginnen Sie mit einer Aussage, dann stellen Sie die Frage. Formulieren Sie Ihren Wunsch, nach London zu fahren, fragen Sie aber nicht, wie lange Sie dort bleiben können. Dann fragen Sie, ob es möglich sein wird. Drehen Sie den Kristall mit der Spitze zu Ihrem Körper und erfühlen Sie die Antwort. Dann drehen Sie ihn wieder herum und sagen, daß Sie einen ganzen Monat in London bleiben wollen. Drehen Sie den Kristall wieder um, und fühlen Sie, ob die Antwort ja oder nein lautet.
2. Drehen Sie den Kristall wieder nach außen, und fragen Sie, ob Sie ein neues Auto bekommen können.
3. Wir wollen annehmen, daß Sie bisher auf alle Fragen ein »Ja« als Antwort bekommen haben. Wenn nicht, fahren Sie bei Punkt 6 fort. Nun drehen Sie den Kristall mit der Spitze nach außen, und fragen Sie, ob Sie sowohl das neue Auto bekommen als auch einen Monat nach London fahren können. Wenden Sie den Kristall wieder, und achten Sie auf die Antwort.
4. Wenn die Antwort ja lautet, fahren Sie mit der Frage nach dem Zeitraum fort. Formulieren Sie zuerst eine Aussage. Behaupten Sie, daß Sie das neue Auto bekommen und die einmonatige Fahrt nach London unternehmen werden. Fragen Sie danach, ob das Auto und der Urlaub innerhalb eines Jahres in Ihr Leben kommen werden. Wenn Sie nach der Zeit fragen, sollen Sie mit allgemein bekannten Daten wie Weihnachten oder Sommer oder konkreten Datumsangaben arbeiten. Diese Dinge sind zwar nicht Teil der Realität des Geistes, aber weil sie in unserer Realität so gebräuchlich sind, können Sie davon ausgehen, daß der Geist sie versteht.

5. Fragen Sie, ob Sie das Auto und den Urlaub zusammen haben können, bevor das nächste Jahr zu Ende ist oder vor Weihnachten oder binnen eines Jahres. Achten Sie nur darauf, jede dieser zeitlichen Fragen als eigene Frage zu formulieren. Wenn Sie auf die Frage, ob Sie bis zum Ende des nächsten Jahres Ihre Wünsche erfüllen können, ein »Ja« als Antwort empfangen, haben Sie die Möglichkeit, die Zeit weiter einzugrenzen – etwa »im nächsten Sommer« oder »vor meinem Geburtstag am 2. Juli«. Benutzen Sie keine schwammigen Zeitbegriffe wie »bald« oder »in ferner Zukunft«. Wenn Sie präzise fragen, bekommen Sie präzise Antworten.
6. Hören Sie auf, sobald Sie ein »Nein« empfangen, und legen Sie den Kristall auf den Erdungsstein. Überlegen Sie sich, was Sie bisher empfangen haben. Gehen Sie zum letzten »Ja« zurück, und fragen Sie von diesem Punkt aus weiter. Beginnen Sie die neue Fragerunde mit einer Aussage, die bekräftigt, was Sie bisher erfahren haben, wie etwa: »Ich werde einen Monat in London verbringen.« Formulieren Sie die nächste Frage: »Kann ich sowohl das neue Auto bekommen als auch den Monat in London verbringen?« Wenn Sie immer mit einer klaren Aussage dessen beginnen, was Sie bisher erfahren haben, ist es leicht, die nächste logische Frage zu formulieren. Sie werden klare Antworten erhalten, solange Sie logisch auf dem aufbauen, was Sie bisher wissen.

Bei dieser Übung ist es nicht nötig, den Kristall zwischen den Fragen zu erden. Wenn Sie ihn auf den Erdungsstein legen, während Sie über die empfangenen Antworten nachdenken, können Sie ihn, wann immer Sie wollen, von dort wieder wegnehmen. Er muß erst geerdet werden, wenn der ganze Prozeß abgeschlossen ist. Danach sollte er für mindestens zehn Minuten geerdet werden.

Vergangenheit

Mit dieser Methode erforscht Reed die Dinge, die in der Vergangenheit geschehen sind. Sie brauchen dazu einen klaren Kristall, einen Amethyst, einen Erdungsstein, eine durchsichtige, zu drei Vierteln mit Wasser gefüllte Schale, eine Handvoll Meersalz und Schreibzeug.

Mit Kristallen kann man sowohl in die Zukunft als auch in die Vergangenheit sehen, und Sie können sehr klare Eindrücke empfangen, wenn Sie diese Methode anwenden.

Bei dieser Übung können starke Emotionen frei werden. Sie können die Methode für jede Frage benutzen, die mit der Erhellung der Vergangenheit zu tun hat, wie etwa das Auffrischen von Erinnerungen und die Klärung von Erlebnissen aus früheren Leben.

Wenn Sie unsere Anweisungen befolgen, werden Sie Ihre eigene Geburt aus dem Blickwinkel aller Anwesenden sehen. Sie sollten sich innerlich darauf vorbereiten, etwas über den Anfang Ihres Lebens und vielleicht auch über Ihre Eltern herauszufinden, das Sie noch nicht wußten. Machen Sie diese Übung nicht, wenn Sie in schlechter Stimmung sind, müde sind oder Angst davor haben. Nach der Übung brauchen Sie viel Zeit und Ruhe, um Ihre Erfahrungen zu verarbeiten.

Sie wenden sich bei dieser Methode nach Westen, weil das die Richtung der vergangenen Dinge ist. Legen Sie den durchsichtigen Kristall rechts und den Amethyst links neben sich ab. Der Erdungsstein und die Wasserschale stehen ebenfalls rechts. Notizblock und Stift sollten leicht zu erreichen sein.

1. Richten Sie den Blick nach Westen, und halten Sie den klaren Kristall – die Spitze vom Körper abgewandt – vor Ihren Bauch. Halten Sie den Kristall in der rechten Hand. Atmen Sie ein paarmal tief durch.
2. Sagen Sie laut, daß Sie bei Ihrer Geburt anwesend sein (oder bei einem anderen vergangenen Ereignis, das Sie erforschen wollen) und als Beobachter und nicht als Teilnehmer fungieren

möchten. Halten Sie diese Bitte in Ihrem Bewußtsein und prüfen Sie, ob sie Ihnen Angst macht. Wenn Sie sich fürchten, brechen Sie die Übung ab.

3. Warten Sie nach der Bitte eine Minute, dann drehen Sie den Kristall rasch mit der Spitze zu Ihrem Bauch. Empfangen Sie die Eindrücke, die kommen, ohne sie zu bewerten. Sie sind als Beobachter dabei, nicht als der, der geboren wird. Lassen Sie sich nicht so tief auf das Erlebnis ein, daß Sie die Kontrolle über sich verlieren.
4. Legen Sie den Kristall in die Wasserschale, sobald die Eindrücke nachlassen. Nehmen Sie den Amethyst in die linke Hand.
5. Halten Sie den Amethyst fest, um die Emotionen auszubalancieren, schauen Sie ins Wasser, und merken Sie sich alles, was Sie sehen, ob es Ihnen sinnvoll erscheint oder nicht.
6. Wenn Sie alles gesehen haben, was es zu sehen gibt, nehmen Sie den durchsichtigen Kristall aus dem Wasser und erden ihn mit Hilfe des Erdungssteins.
7. Geben Sie eine Handvoll Meersalz ins Wasser, ohne noch einen Blick hineinzuwerfen.
8. Halten Sie den Amethyst weiter in der linken Hand und denken Sie über das nach, was Sie gesehen, gehört oder gefühlt haben. Die wichtigsten Eindrücke sind jene, die sehr schnell aufgeblitzt sind. Häufig sind die wichtigsten Offenbarungen überhaupt nicht von Emotionen begleitet. Verwerfen Sie keinen Eindruck nur deshalb, weil er sich nicht wichtig anfühlte, als er in Ihr Bewußtsein kam.
9. Erinnern Sie sich, ob Sie mehrere Babys gesehen haben. Manchmal sieht man bei dieser Methode auch Bilder von anderen Geburten – etwa von Kindern einer Freundin oder Schwester.
10. Schütten Sie das Wasser weg. Das Meersalz hat die Energien der Offenbarungen aufgenommen; die Energien sind durch den Kristall gekommen und wurden im Wasser verstärkt, sie können stark emotional geladen sein. Deshalb müssen Sie sie an das Salz binden, bevor Sie das Wasser wegschütten, sonst

könnten die in der Offenbarung erzeugten Energien ziellos durch die Welt wandern.

11. Schonen Sie sich nach dieser Übung, denn wahrscheinlich hat sie an alte Erinnerungen gerührt, und ganz gewiß hat sie Gefühle wachgerufen. Vielleicht wundern Sie sich über einiges, was Sie gesehen und empfunden haben. Halten Sie den Amethyst in der linken Hand, solange Sie Emotionen spüren. Danach wird er geerdet.

Wir empfehlen Ihnen, diese Methode bei niemand anderem anzuwenden, solange Sie kein ausgebildeter Therapeut sind und nicht wissen, wie Sie mit dem ganzen Spektrum von Gefühlen, die entstehen können, umgehen müssen.

Schamanische Kristallreise

Die alten Methoden, in Reiche jenseits unserer Alltagswelt zu gehen, wurden sowohl von Schamanen als auch von Zauberern benutzt, aber weil die schamanische Reisetechnik sicherer und weniger kompliziert ist als die der Zauberer, beschreiben wir hier eine schamanische Reise mit der Hilfe von Kristallen.

Der Kristall hat bei dieser Technik die Aufgabe, Ihr Bewußtsein in Reiche zu versetzen, die Sie ohne seine helfende Kraft nicht erreichen könnten. Man kann mit verschiedenen Arten von Kristallen, mit verschiedenen Reichen des Universums experimentieren. Die Reise gelingt auch ganz ohne Kristall, aber die Steine erleichtern es uns, andere Realitäten zu erreichen und deutlich zu sehen, was wir sehen wollen. Und sie unterstützen uns auf dem Rückweg.

Für diese Reise brauchen Sie einen Amethyst, der auf Ihrer Stirn liegen kann. Das Zimmer soll abgedunkelt sein, und Sie sollen sichergehen, daß Sie etwa eine Stunde nicht gestört werden. Lesen Sie die Anleitung sorgfältig durch, ehe Sie die Technik versuchen.

1. Legen Sie sich mit dem Kopf nach Norden und den Füßen nach Süden. Legen Sie den Amethyst mit der rechten Hand – die Spitze deutet nach oben – auf Ihr drittes Auge. Bitten Sie den Kristall um seine Hilfe, damit es eine bereichernde Reise wird.
2. Lassen Sie den Kristall auf der Stirn liegen, und schließen Sie die Augen. Schlagen Sie die Beine übereinander, und kreuzen oder falten Sie die Hände. Damit schirmen Sie sich von der Umwelt ab und bilden einen geschlossenen Energiekreis. Das ist sehr wichtig, wenn Sie bei einer Reise Ihren Körper verlassen.
3. Stellen Sie sich eine Öffnung in der Erde vor, von der Sie sich angezogen fühlen; es sollte eine Öffnung sein, die Sie tatsächlich irgendwann einmal gesehen haben. Der Ort muß nicht in der Nähe sein, er kann sogar auf einem anderen Kontinent liegen. Wichtig ist nur, daß es ein realer Ort auf dieser Erde ist, der nicht ins Wasser führt. Es kann die Höhle eines Tieres sein, eine Baumhöhle, ein Loch im Boden oder eine Höhle im Gebirge.

   Obwohl dies eine Reise in die Oberwelt ist, beginnen wir sie im Innern der Erde, denn das ist sicherer, als von einem Baumwipfel oder etwas so Formlosem wie einer Rauchwolke aus zu starten. Wenn Sie zu Beginn und als Fixpunkt für die Rückkehr einen Eingang in die Erde wählen, besteht kaum die Gefahr, daß ein Teil Ihres Geistes außerhalb Ihres Körpers bleibt, wenn Sie ins Wachbewußtsein zurückkehren. Sie werden keine Schwierigkeiten mit der Rückkehr haben, solange Sie keinen Eingang ins Wasser wählen.
4. Beruhigen Sie Ihren Atem, und bewegen Sie sich im Geiste zum Eingang. Bewegen Sie sich immer tiefer hinein. Sie können eine weite Ebene sehen, ein Licht, Rauch oder einen leeren Raum. Ihr Eingangspunkt kann, muß aber nicht, über einen Tunnel mit Ihrem Ziel verbunden sein.
5. Wenn Sie das Gefühl haben, daß Sie aufhören müssen, brechen Sie die Übung sofort ab. Zwingen Sie sich zu nichts. Wenn Sie das dringende Gefühl haben, umkehren und zurückgehen zu müssen, folgen Sie dieser Intuition. Verschieben Sie die Übung auf einen anderen Tag.

6. Solange Sie sich wohlfühlen, können Sie sich in jedem Bereich umsehen, in den Sie kommen. Sie können durch oder über Barrieren schweben oder von einer Ebene zur nächsten aufsteigen.
7. Wenn Sie das Gefühl haben, eine Frage stellen zu müssen, dann formulieren Sie diese Frage in Gedanken und warten Sie auf eine Antwort.
8. Wenn Sie nichts Bestimmtes suchen und keine Frage haben, schweigen Sie.
9. Manche Wesen oder Energien, die sich um Sie herumbewegen, spüren Sie nur, ohne sie zu sehen. Erforschen Sie sie, wenn Sie möchten. Fragen Sie sich, ob Sie in Gefahr sind, sobald Sie etwas Unfreundliches spüren. Wenn Ihre Intuition Ihnen nicht sagt, daß Sie umkehren sollen, gehen Sie einfach an dem unfreundlichen Wesen vorbei und ziehen Sie weiter. Halten Sie nicht inne, um mit ihm zu sprechen oder seine Aufmerksamkeit zu erregen.
10. Auch wenn Sie zurückkehren möchten, fragen Sie nach einer Identifizierung. Höchstwahrscheinlich wird Ihnen dann ein Zeichen, eine Idee, ein Symbol oder der Name eines Ortes erscheinen.
11. Wenn Ihnen irgendein Wesen erscheint, können Sie möglicherweise etwas von ihm lernen. Warten Sie voller Achtung, aber ziehen Sie keine vorschnellen Schlüsse über Ihre Verbindung zu diesem Wesen. Wenn es tatsächlich einer Ihrer Lehrer oder Helfer ist, dann wird es Sie erkennen, auch wenn Sie nicht wissen, wer er ist. Hören Sie auf das, was er Ihnen zu sagen hat, oder beobachten Sie seine Gestik. Geister teilen sich oft lieber durch Bewegung als durch Worte mit. Danken Sie dem Wesen für alles, was es Ihnen gezeigt oder gesagt hat, aber vertiefen Sie den Kontakt nicht und fragen Sie auch nicht nach weiteren Begegnungen. Fragen wie: »Willst du mein Lehrer sein?« sind magisch bindende Worte, und solange Sie sich über die Beziehung nicht völlig sicher sind, sollten Sie sich nicht festlegen. Wenn es für Sie wichtig ist, dieses Wesen wiederzusehen, werden Sie ihm begegnen.

12. Sobald Sie sicher sind, daß Sie dieses Reich jederzeit wieder besuchen können und genug gesehen haben, kehren Sie in Ihren Körper zurück, indem Sie die Ebenen, die Sie hinaufgestiegen sind, wieder heruntersteigen oder die Barrieren, die Sie überquert haben, in der anderen Richtung überwinden. Suchen Sie den Eingangspunkt. Nehmen Sie keine Abkürzungen, sonst können Sie einen Teil Ihres Geistes zurücklassen. Gehen Sie den ganzen Weg zurück bis zum Ausgangspunkt Ihrer Reise.
13. Nehmen Sie den Kristall von der Stirn, und legen Sie die Beine nebeneinander. Lassen Sie sich Zeit, sich auf das Wachbewußtsein einzustellen, bevor Sie aktiv werden. Sie haben gerade eine Kraftreise unternommen, die Sie nicht auf die leichte Schulter nehmen sollten.
14. Reinigen Sie den Kristall und sich selbst, wenn Sie es für nötig halten.

Psychische Eindringlinge

Kristalle können Ihnen helfen herauszufinden, ob Ihnen jemand ungebeten einen Besuch abstattet – ein Störenfried, ein vorbeiziehender Geist oder jemand, der Sie beobachten will.

Diese folgende Methode führt Sie durch drei Stufen: die Nachforschung, die Identifizierung und die Sicherung Ihres Hauses gegen Eindringlinge. Zu dieser Technik brauchen Sie einen klaren Quarzkristall, wenn möglich einen großen, und eine durchsichtige Schale, die zur Hälfte mit Wasser gefüllt ist, außerdem einen Viertelliter Weinessig und das Material, das Sie auch sonst zum Reinigen des Hauses oder Ihrer Kristalle benutzen; es sollte nur keine Flüssigkeit sein. Klänge, Rauch oder Salze sind gut geeignet – zudem benötigen Sie eine Handvoll Meersalz.

Nehmen Sie sich eine Stunde Zeit – manchmal dauert diese Übung aber auch nicht so lange. Zuerst müssen Sie herausfinden, ob sich jemand in Ihrem Haus umtut. Wenn das der Fall ist, sollten Sie klären, wer es ist. Zum Schluß müssen Sie die Eingänge Ihres Hauses verschließen, um den Eindringling auszusperren.

1. Stellen Sie die halbvolle Wasserschale in die Mitte des Raumes, den Sie prüfen möchten. Sie können die Prozedur in allen Räumen wiederholen, wenn Sie es für nötig halten, aber Sie sollten mit dem Raum beginnen, in dem Sie Ihre spirituelle Arbeit tun oder schlafen.
2. Stellen Sie sich mit Blick nach Osten hinter die Schale, nehmen Sie den Kristall in die Hand, und halten Sie ihn mit der Spitze nach oben über Ihren Kopf. Bitten Sie laut darum, daß die höchste Art von spirituellem Schutz in den Kristall kommen möge. Sie können Kraftquellen auch einen Namen geben (das Weiße Licht, die Kraft Christi oder was auch immer).
3. Nehmen Sie den Kristall herunter, und drehen Sie sich in einem weiten Bogen im Uhrzeigersinn. Der Kreis soll die Wasserschale einschließen.
4. Richten Sie den Kristall direkt auf die Ecke links vor Ihnen. Legen Sie beide Hände fest um den Kristall; die Daumen müssen sich berühren. Halten Sie ihn gut fest. Richten Sie den Kristall auf die Ecke, und fragen Sie in Gedanken, wer Ihr Haus betreten oder ausspioniert hat.
5. Legen Sie den Kristall mit der Spitze nach oben, aber in die entsprechende Ecke geneigt, in die Wasserschale. Bleiben Sie davor stehen und schauen Sie in den Kristall. Wenn Sie ihn aus einem Blickwinkel nicht sehen können, setzen Sie sich, aber berühren auf keinen Fall das Wasser oder den Kristall.
6. Schauen Sie in den Kristall und fragen Sie, wer Ihr Haus betreten hat oder wer es zu betreten versucht. Vielleicht sehen Sie ein Gesicht oder bekommen ein Gefühl, mit dem Sie jemand identifizieren können. Wenn Sie überhaupt keinen Eindruck erhalten, warten Sie nicht lange, denn Ungeduld erzeugt Visionen aus Ihren eigenen Phantasien. Fahren Sie mit dem nächsten Schritt fort.
7. Nehmen Sie den Kristall aus dem Wasser, und wiederholen Sie die Prozedur, indem Sie ihn in die rechte Ecke richten. Fragen Sie wieder, wer Ihr Haus betreten oder ausspioniert hat.
8. Legen Sie den Kristall wie unter Punkt 5 beschrieben ins Wasser.

9. Schauen Sie in den Kristall, und fragen Sie, wer Ihr Haus betreten oder ausspioniert hat. Wie zuvor sollten Sie nicht zögern, wenn Sie keine Information bekommen.
10. Fahren Sie mit der nächsten Ecke fort, dann wenden Sie sich zur letzten.
11. Wenn Sie wieder bei der ersten Ecke angekommen sind, richten Sie den Kristall auf sie und wiederholen Sie dreimal laut: »Niemand darf ohne meine Erlaubnis mein Haus betreten.«
12. Legen Sie den Kristall wieder ins Wasser, diesmal aber auf die Seite. Schauen Sie ein letztes Mal hinein, aber verweilen Sie nicht zu lange dabei, wenn keine Eindrücke kommen.
13. Bedanken Sie sich für den Schutz und beim Kristall für seine Hilfe. Es ist nicht nötig, den Schutzkreis wieder aufzulösen.
14. Reinigen Sie mit dem Material, das Ihnen am besten erscheint (es darf nur keine Flüssigkeit sein) alle Ecken, egal, ob jemand eingedrungen ist oder nicht. Wenn Sie nördlich des Äquators leben, reinigen Sie die nördliche Ecke besonders sorgfältig; wenn Sie südlich des Äquators leben, die südliche Ecke.
15. Geben Sie das Meersalz ins Wasser, um die negativen Energien zu binden, und schütten Sie das Wasser weg.
16. Reinigen Sie den Kristall auf die Art, die Ihnen am besten erscheint.
17. Spülen Sie Ihren Mund mit soviel Weinessig aus, wie Sie aufnehmen können. Gehen Sie dabei vor, als würden Sie sich die Zähne putzen. Wenn Ihnen der Essig zu scharf ist, können Sie ihn mit Mineralwasser verdünnen, aber lassen Sie diesen Schritt auf keinen Fall aus, weil Sie Ihren Körper direkt den möglicherweise eingedrungenen Energien ausgesetzt haben. Aus diesem Grund müssen Sie Ihren Mund reinigen.
18. Räuchern oder säubern Sie auf andere Weise Ihren Körper und den Ätherkörper.

Sie müssen die nördliche oder südliche Ecke (je nach Wohnort) besonders gründlich reinigen, weil dies die magnetischen Punkte sind. Die Ecken werden gereinigt, weil sie negative Energien einlassen und sammeln.

Wenn Sie dieses Kapitel gelesen und einige Techniken ausprobiert haben, werden Sie sich wahrscheinlich Ihrer Empfänglichkeit und Fähigkeit, Dinge zu erkennen, die manche Menschen für übernatürlich halten, viel bewußter sein. Wenn Sie Ihre telepathischen Fähigkeiten entwickeln, merken Sie rasch, daß dieses Wissen völlig natürlich ist. Mit etwas Mühe und der Hilfe Ihrer kristallenen Freunde können Sie Ihre telepathische Bewußtheit wiedererwekken und Ihre Fähigkeit schulen, die Wahrheit in jeder Gestalt zu erkennen, die sie annehmen mag.

7
Kristalle und Zeremonien

Eine Zeremonie auszuführen und an ihr teilzunehmen, ist eine Möglichkeit, uns selbst, andere Menschen und die Mutter Erde zu heilen und zu unterstützen. Wenn wir Kristalle in die Zeremonien einbeziehen, verleihen wir diesen Ereignissen besondere Kraft, denn über die Kristalle laden wir auch das Elementarreich als Teilnehmer ein.

Durch Zeremonien können wir der Erde und allen ihren Kindern etwas zurückgeben. Wir benutzen unsere menschlichen Energien, um Gefühle der Liebe und Dankbarkeit zu anderen Geschöpfen zu schicken. Mit Hilfe von Zeremonien danken wir für unser Leben und geben Energie an jene zurück, die uns am Leben halten: an die Elemente, die Pflanzen, die Tiere, die anderen Zweibeiner und alle Geistwesen. Wir feiern die wichtigen Übergänge in unserem Leben mit Zeremonien: Geburten, Übergangsriten, die Verbindung zweier Lebenswege, wenn wir in den Kreis der Alten aufgenommen werden oder in ein anderes Reich übergehen.

Zeremonien helfen uns, die wichtigen Veränderungen in unserem Leben zu akzeptieren. Sie holen uns aus unseren gewöhnlichen Vorstellungen von Zeit und Raum heraus und führen uns ins Reich des Heiligen, wo die Zeit, wie wir sie kennen, nicht existiert. Durch Zeremonien können wir die weltlichen und die heiligen Aspekte unseres Lebens in Einklang bringen.

Obwohl wir auch in unserer heutigen Gesellschaft einige Zeremonien kennen, haben viele von ihnen so viel von ihrer ursprünglichen Bedeutung verloren, daß sie ziemlich sinnlos wirken und kaum noch Kraft besitzen. Dadurch ist bei vielen Menschen ein wahrer Hunger nach bedeutsamen Ritualen entstanden. Es geschieht heute nicht selten, daß Menschen ihre Hochzeitszeremonie selbst gestalten oder an Kindstaufen und Beerdigungen aktiv teilnehmen. Immer mehr Menschen wollen Zeremonien in ihr Alltagsleben bringen.

In den Indianerkulturen waren die Zeremonien eine Möglichkeit zusammenzukommen, die Einheit des Stammes zu erleben und all jene zu feiern, die diese Einheit erschaffen haben. Die Menschen fanden einen Weg, ihre leidenschaftlichen Gefühle auszudrücken, positive wie negative, und dies viel kraftvoller, als sie es im Alltagsleben vermochten. So hatten beispielsweise viele Stammesleute eine Zeremonie, die Sun Bear »Löcher graben« nennt. Bei dieser Zeremonie geht es darum, daß die Menschen all die Negativität nehmen, die sie fühlen, und sie nach angemessenen Gebeten in die Erde versenken, wo sie zu Kompost zerfallen kann. Aus dem Erdreich können dann wieder positive Dinge wachsen. Viele Menschen verbringen einen Großteil ihres Lebens damit, sich an Negatives zu klammern, so daß sie nichts Neues mehr erfahren können. Eine Zeremonie wie »Löcher graben« kann uns helfen, das Alte loszulassen und für das Neue Platz zu schaffen. Das Loslassen des Alten und Platzschaffen für das Neue ist ein Grundelement jeder Zeremonie.

Wegen ihrer Fähigkeit, Energien zu verstärken, zu empfangen, zu senden und zu übertragen, sind Kristalle mächtige Helfer bei Zeremonien. Wir benutzen eine ganze Reihe verschiedener Kristalle in Zeremonien. In diesem Kapitel wollen wir einige dieser Verwendungsarten erklären und Vorschläge machen, wie Sie Ihre eigenen Zeremonien bereichern und vertiefen können.

Natürlich müssen Sie zunächst einen Kristall suchen, der mit Ihnen in einer Zeremonie zusammenarbeiten möchte. Benutzen Sie eine Übung aus Kapitel 3, um einen Kristall auszuwählen, der sich richtig anfühlt. Versuchen Sie, Ihre Vorstellungen darüber, was für ein Kristall es sein sollte, beiseite zu lassen. Es ist gut möglich, daß

Sie mehrere Kristalle finden, die für Zeremonien mit Ihnen bereit sind. Übrigens wird es leichter für Sie, wenn wenigstens einer der Kristalle so klein ist, daß Sie ihn leicht tragen können.

Bewahren Sie den Kristall an einem Ort auf, von dem aus er alle Rituale mitverfolgen kann. Wenn er klein ist, können Sie ihn in einem Beutel bei sich tragen. Wenn Sie einen sehr großen Stein haben, wird dieses Kristallwesen sehr wahrscheinlich an allen wichtigen Zeremonien im Freien und im Haus teilnehmen wollen.

Der Kristall sollte an allen Zeremonien teilnehmen – vom Kreis, der eine Mahlzeit segnet, bis zu Vollmondzeremonien, Jahreszeitfeiern, Medizinradtreffen, Rainbow Crystal Healings und Übergangsriten. Je mehr Rituale ein Kristall miterlebt, desto weiser und mächtiger wird er, und desto mehr wird er die Energien in jeder Zeremonie verstärken. Ihr Kristall wird zusammen mit Ihnen sein Wissen über Zeremonien erweitern.

Mit der Zeit finden Sie heraus, welches Ritual Ihnen am meisten zusagt. Dem Kristall geht es ähnlich. Sie werden spüren, ob ein Kristall zu einer bestimmten Zeremonie paßt. Wenn ein Kristall an einem Unternehmen nicht teilnehmen möchte, fühlen Sie das auch.

Wir haben für verschiedene Zeremonien verschiedene Kristalle. Manchmal nehmen wir aber auch einen Mondkristall mit zu einer Pfeifenzeremonie oder einen Gartenkristall zu einer Jahreszeitfeier.

Segnen der Nahrung

Die erste Zeremonie, die Wabun den Suchenden gern zeigt, besteht einfach darin, vor dem Essen einen Kreis zu bilden, um die Nahrungsmittel zu segnen. Eine Segnungszeremonie können Sie auch allein ausführen. Benutzen Sie einen persönlichen Kristall, den Sie am Körper tragen, oder einen größeren, der auf oder unter den Tisch gelegt wird.

1. Beginnen Sie, indem Sie schweigend Ihre Energien fließen lassen, bis Sie die Energie des Kristalls berühren. Sie können den

Kristall auch physisch berühren. Die Berührung weckt die Kristallenergie und bezieht sie in die Zeremonie ein.
2. Fassen Sie sich an den Händen. Wenn Sie allein sind, halten Sie beide Hände, die linke Handfläche nach oben, die rechte nach unten, über das Essen. Mehrere Personen schließen sich (die linke Handfläche nach oben, die rechte nach unten) zu einem Kreis zusammen.
3. Der, der dazu bestimmt ist, spricht ein Dankgebet für die Nahrung und dankt dabei besonders den Elementen, den Pflanzen und Tieren, die Ihnen ein Geschenk machten, damit Ihr Leben weitergehen kann. Wabun bittet meist darum, daß wir die Energie, die uns das Essen gibt, weise und gut benutzen.

Dieses Ritual ist sehr wichtig, weil es die gegenseitige Verbundenheit aller Geschöpfe bewußtmacht; aber zugleich ist es eins der einfachsten für die Menschen, die gerade erst mit Zeremonien beginnen. Dieses Ritual ist in gewisser Weise eine Erweckungszeremonie für Menschen und Kristalle.

Die meisten Leute, die mit Kristallen oder der indianischen Lebensart in Berührung kommen, ehren den Kreis des Lebens bei Vollmond oder Neumond. Bei solchen Zeremonien sind Kristalle besonders hilfreich. Wie wir schon erklärt haben, glaubten viele alte Völker, daß die Kristalle eine Verbindung zum Mond oder zum Wasser haben, also dem Element, das vom Mond regiert wird. Wir werden zwei Mondzeremonien schildern, bei denen Kristalle benutzt werden. Wir haben herausgefunden, daß die Menschen, die mit Zeremonien beginnen, am liebsten mit dem Vollmond arbeiten (wahrscheinlich, weil er so deutlich zu sehen ist). Deshalb bezeichnen wir die folgenden Zeremonien als Vollmondzeremonien, doch natürlich können sie auch bei Neumond abgehalten werden.

Allerdings wird die Wirkung der Zeremonie je nach Mondphase ganz unterschiedlich sein. Der Vollmond bringt bei den meisten Menschen Gefühle, das Wasser des menschlichen Lebens, näher an die Oberfläche der Persönlichkeit. Das bedeutet, daß die meisten Menschen zu dieser Zeit Emotionen deutlicher fühlen und ausdrücken können. Bei Neumond dagegen haben viele tiefe Gefühle, sind aber introvertiert, regenerieren sich und wollen nicht unbedingt über ihre Gefühle sprechen. Wenn Sie alle Mondphasen feiern, werden Sie ein tieferes Verständnis für Ihre eigenen Gefühle und Wahrnehmungen gewinnen.

Vollmondmeditation

Die folgende Zeremonie wird von Moon Deer (Rugh Traut) und einer Gruppe, mit der sie seit vielen Jahren Mondzeremonien abhält, gefeiert. Sie können die Zeremonie im Haus oder im Freien feiern. Moon Deer beginnt meist im Haus und geht dann nach draußen. Sie brauchen dazu einen klaren Kristall, der bereit ist, mit Ihnen zu arbeiten. Wenn Sie noch keinen haben, können Sie auch eine Feder benutzen. Die Feder muß nach der Meditation gut gereinigt werden, während ein Kristall ja vielleicht einige Energien, die bei der Zeremonie frei werden, speichern möchte. Vor der Zeremonie sollten Sie in einem astrologischen Kalender nachschlagen, in welchem Element der Mond – Feuer, Erde, Luft oder Wasser – steht. Die Zeremonie dauert mindestens eine Stunde.

1. Reinigen Sie sich selbst, die Feder oder den Kristall und alle anderen, die an der Zeremonie teilnehmen wollen.
2. Beginnen Sie mit einer Schweigemeditation im Haus, und bilden Sie mit Ihrem Bewußtsein eine Schale, die alle Gedanken oder Bilder, die zu Ihnen kommen, aufnehmen kann.
3. Wenn alle Teilnehmer Mondbilder empfangen haben, wird der Mond-Meditationskristall oder die Feder von einem zum anderen weitergereicht, und jeder sagt, was er von seinen Bildern mitteilen möchte. Aus diesen gemeinsamen Bildern webt der Leiter der Meditation einen Namen, der für die nächste Mondphase gilt. Dieser Name repräsentiert die kollektiven Energien der Menschen, die an der Mondmeditation teilgenommen haben. Wenn Sie allein meditieren, werden Sie einen ganz eigenen Namen für den kommenden Mondzyklus finden.

4. Dann geht die Gruppe nach draußen, und der Kristall wird ins Zentrum des Kreises gelegt. Wenn der Mond in einem Wasserzeichen steht, wird eine Schale mit Wasser dazugestellt, bei einem Feuerzeichen eine Kerze, bei einem Erdzeichen wird der Kristall auf die Erde gelegt, bei einem Luftzeichen reinigen sich die Teilnehmer mit ihrem Atem.
5. Der Leiter des Kreises beginnt mit einem Lied.
6. Dann spricht jeder ein Gebet an den Mond und schickt positive Bilder zu den anderen Geschöpfen auf der Erde (an die Elemente, die Pflanzen, Tiere und Geister) und an die Erde selbst.
7. Die Teilnehmer können dem Mond auch für die Energie danken, die er ihnen und allen Geschöpfen auf diesem Planeten schenkt.
8. Sie grüßen das Zeichen, in dem der Mond steht, indem sie die Kerze entzünden, die Kristallenergie ins Wasser ausschütten, den Kristall auf die Erde drücken oder sich mit ihrem Atem reinigen.
9. Wenn Sie möchten, können Sie die Meditation mit einem Lied beenden, mit Trommeln oder mit Rasseln.
10. Danach reinigen Sie sich und versorgen den Kristall oder die Feder.

Vollmondzeremonie

Diese Zeremonie wird vom Bear Tribe gefeiert und gelehrt. Mit ihr wird der Vollmond geehrt. Sie brauchen für die Zeremonie Ihr Material zum Reinigen, ein Glas oder eine Steingutschale mit Wasser, Maismehl und Ihren Mondzeremoniekristall. Außerdem können Sie Trommeln oder Rasseln benutzen. Am besten feiern Sie die Zeremonie an einem friedlichen, schönen Ort im Freien, von dem aus Sie den Mond sehen können. Wenn Sie nicht an einen solchen Ort gehen können, halten Sie die Zeremonie im Haus ab. Sie dauert mindestens eine Stunde; wenn viele Leute teilnehmen, etwas länger.

1. Der Leiter der Zeremonie wählt ein Tor aus, durch das die Teilnehmer eintreten. Er tritt als erster ein und geht einmal in Laufrichtung des Mondes (gegen den Uhrzeigersinn) um den Kreis.
2. Dann bleibt er direkt links neben dem Tor stehen und wartet, bis der Kreis geschlossen ist. Er geht in die Mitte, gießt das Wasser in die Schale und bietet es dem Mond an. Er stellt die Schale ab und bietet dem Mond den Kristall an. Er legt ihn neben dem Wasser ab und tut das gleiche mit dem Maismehl.
3. Er bereitet die Räucherschale vor, kehrt mit ihr an ihren Platz zurück und gibt sie dem Teilnehmer links von ihm. Er entzündet das Räuchergut und räuchert sich selbst. Dann bietet er die Schale dem Teilnehmer rechts von ihm an, der sich räuchert, die Schale übernimmt und an den nächsten weitergibt, bis alle im Kreis durch den Rauch gereinigt sind.
4. Die Teilnehmer können beim Räuchern oder danach Musik machen.
5. Der Leiter tritt ins Zentrum, nimmt das Maismehl und kommt an seinen Platz in den Kreis zurück. Er nimmt etwas Maismehl und opfert es, während er die Worte spricht, die ihm richtig erscheinen, dem Mond. Dann gibt er das Maismehl an den Teilnehmer rechts neben ihm weiter, der ebenfalls etwas opfert und einige Worte (es kann ein Gebet sein, ein Lied oder ein Gedicht) an den Mond spricht. Das Maismehl geht weiter herum, bis der Kreis vollendet ist.
6. Der Leiter tritt wieder ins Zentrum und nimmt den Kristall, der dort liegt. Er hebt ihn mit der Spitze zum Mond über den Kopf und bittet schweigend oder laut darum, daß die Energie des Mondes in den Kristall kommen möge. Dann hält er die Spitze des Kristalls über das Wasser und schüttelt ihn viermal kräftig über dem Wasser aus. Er hebt den Kristall wieder zum Mond und wiederholt die Anrufung dreimal. Auf diese Weise soll die Mondenergie ins Wasser gezogen werden.
7. Er hält die Wasserschale dem Mond entgegen und bittet ihn, das Wasser zu segnen, damit es allen im Kreis klare, lebhafte Träume bringt. Dann geht er in Laufrichtung des Mondes im Kreis herum und bleibt vor jedem Teilnehmer stehen. Jeder

trinkt einen Schluck Wasser oder opfert der Erde einen Schluck und betet schweigend, daß das Wasser ihm oder ihr helfen möge, die Wahrheit des Mondes zu empfangen, zu verstehen und zu verkünden.

8. Wenn der Leiter in den Kreis zurückgekehrt ist, bietet er das Wasser noch einmal dem Mond an und bittet darum, daß die Erde und alle ihre Kinder im beginnenden Zyklus genug Wasser zu trinken haben werden. Dann gießt er das restliche Wasser auf die Erde.
9. Der Leiter kehrt in den Kreis zurück. Dann kann er oder ein anderer Teilnehmer dem Mond seine oder ihre Musik schenken.
10. Der Leiter sammelt die Hilfsmittel ein, die er bei der Zeremonie benutzt hat. Die Teilnehmer verlassen den Kreis auf die gleiche Weise, wie sie gekommen sind, in Laufrichtung des Mondes. Der Leiter geht als erster hinaus. So kann jeder, der hinausgeht, einen vollen Kreis beschreiben.
11. Der Leiter reinigt alle Hilfsmittel, die bei der Zeremonie benutzt wurden, damit sie für das nächste Mal bereit sind. Es ist gut, die Mondkristalle an einem Ort aufzubewahren, an dem sie das Licht aller Mondphasen sehen können.

Andere Zeremonien, bei denen Sie Kristalle benutzen können, sind Feiern zum Wechsel der Jahreszeiten. In der Zeit der Erderneuerung, der Wintersonnenwende, ist es gut, der Erde ein Geschenk zu machen. Dieses Geschenk, oft ein Kristall, wird im Kreis der Menschen, die die Wintersonnenwende feiern, herumgereicht, damit jeder etwas Energie hineingeben kann. Dann wird der Kristall in der Erde vergraben, um die Dankgebete an die Mutter Erde zu verstärken.

In der Zeit der Erderneuerung können Sie vorübergehend auch fünf weitere Kristalle in der Erde vergraben. Da die Zeit der Erderneuerung eine Zeit sehr tiefer, mächtiger Erdenergien ist, empfangen die Kristalle diese Kräfte. Sie können sie zwölf Tage oder sogar länger in der Erde lassen. Wenn der Frühling beginnt, nehmen Sie die fünf Kristalle, die die intensive Erdenergie empfangen haben, und pflanzen sie in Ihren Garten: einen in die Mitte, die vier anderen den Himmelsrichtungen entsprechend. Diese Kristalle werden helfen, die Pflanzenkinder zu ernähren. Wenn Sie die Sommersonnenwende feiern, können Sie Opfer an die Kristalle im Garten richten. Im Herbst werden Sie dann hören, was Ihnen die Gartenkristalle zu sagen haben. Manchmal wollen sie mit den Pflanzen geerntet und einem anderen Zweck zugeführt werden, manchmal bleiben sie lieber im Garten, um ihn im Winter zu beschützen und um die anderen Kristalle, die Sie in den folgenden Jahren einsetzen, anzuleiten.

Sie können auch an Medizinradversammlungen Kristalle teilnehmen lassen. Kristalle sind mächtige Teile jeden Rades, besonders, wenn sie an den Positionen liegen, die für mineralische Totems vorgesehen sind. Manche Menschen erzielen sehr gute Resultate, indem sie das ganze Medizinrad aus Kristallen bauen.

Vergessen Sie nicht den Zeremoniekristall, der jedem Ritual als Zeuge beiwohnt. Wenn Sie die Erlaubnis des Zeremonienmeisters haben, lassen Sie den Zeremoniekristall an allen Ritualen teilnehmen: Heiraten, Übergangsriten, Geburten oder die, die in diesem Kapitel erläutert werden.

Eine der wirkungsvollsten und kraftvollsten Verwendungsmöglichkeiten für den Zeremoniekristall ist die, ihn als Hauptbrennpunkt einer Rainbow Crystal Healing Ceremony zu benutzen. Die Grundlage dieser Zeremonie lernte Wabun vor vielen Jahren von Richard und Joyce Rainbow. Seit dieser Zeit hat sich die Zeremonie zu der Form verändert und entwickelt, in der Wabun sie jetzt abhält. Ursprünglich gehörte zu der Version, die Wabun von den Rainbows lernte, kein Kristall. Als der Kristall, den Wabun von Sun Bear bekam, ihr sagte, daß er bei dieser Zeremonie benutzt werden möchte, bezog Wabun ihn ein.

Einige Jahre später, bei einer Medizinradversammlung in Nordkalifornien, kam eine Frau zu Wabun und gab ihr den großen, klaren Kristall, den sie jetzt bei der Zeremonie dabeihat. Die Spenderin erklärte, daß der Kristall bei der Zeremonie benutzt werden wollte, und so war es auch.

Die Rainbow Crystal Healing Ceremony wurde bei jeder großen

Medizinradversammlung, die bisher stattfand, abgehalten, und außerdem bei vielen kleineren Versammlungen, auf Workshops und Seminaren auf der ganzen Welt. Bisher haben über zwanzigtausend Menschen an der Zeremonie teilgenommen. Wabun hat bis heute nicht erlaubt, daß die Zeremonie aufgezeichnet wird. Es schien ihr irgendwie falsch zu sein, sie auf Video oder Tonband aufzunehmen. Nun aber, da die Gefahren für die Erde immer größer werden, glaubt sie, daß die Zeit gekommen ist, den Ablauf der Zeremonie zu veröffentlichen. Wabun bittet darum, daß Sie diese Zeremonie nur als Einzelmeditation durchführen, bis Sie wirklich bereit sind, mit einer Gruppe zu arbeiten. Es ist eine mächtige Visualisationstechnik, die manche Teilnehmer sehr beunruhigen kann. Der Zeremonienmeister muß deshalb viel Erfahrung haben und psychische Sicherungen einbauen. Bevor Wabun herausfand, wie diese Sicherungen beschaffen sein mußten, brachen bei der Visualisation immer wieder Leute zusammen; sie verloren die Orientierung, oder ihnen wurde schlecht. Wabun möchte anderen diese Erfahrung ersparen. Als Einzelmeditation hingegen schenkt diese Zeremonie dem Menschen, der sie abhält, und der ganzen Erde und unseren Verwandten in allen Königreichen eine starke, heilende Kraft.

Für diese Zeremonie brauchen Sie Räuchermaterial, den Kristall und etwa eine Stunde Zeit.

Rainbow Crystal Healing Ceremony

1. Am besten gehen Sie ins Freie, Sie können die Zeremonie aber auch im Haus abhalten.
2. Reinigen Sie sich selbst und den Kristall.
3. Legen Sie den Kristall auf die Erde. Die Spitze deutet zum Himmel.
4. Atmen Sie ein paarmal tief durch und nehmen Sie soviel Atem wie möglich in Ihren Körper auf.
5. Machen Sie sich Ihre Haltung bewußt. Ihr Rücken soll gerade sein, aber nicht steif. Die Knie sind leicht gebeugt. Entspannen

Sie die Bauch- und Kiefermuskeln so weit wie möglich. Schließen Sie die Augen.

6. Atmen Sie ein, und stellen Sie sich die heilige Energie vor, die im Zentrum Ihres Wesens ruht. Beim Ausatmen bildet ein Teil dieser Energie einen Kreis um Ihren Körper und Ihr energetisches oder ätherisches Feld. Stellen Sie sich vor, daß der Kreis über Ihrem Kopf beginnt, vorn an Ihrem Körper herunterfließt und in die Erde eindringt, um hinter Ihnen wieder aufzusteigen und den Anfangspunkt über dem Kopf zu erreichen. Sie können sich den Kreis als weißes Licht vorstellen, in Regenbogenfarben oder in den Farben, die Sie als schützend und liebevoll empfinden.
7. Beim nächsten Ausatmen dreht sich der Kreis, bis er zu einer Lichtsphäre wird, die Sie umgibt und schützt.
8. Konzentrieren Sie sich beim Einatmen wieder auf die heilige Energie in Ihrem Körper, und erforschen Sie sich, ob Sie anderen Wesen einen Teil dieser Energie schenken möchten. Seien Sie kein Held, und geben Sie nicht mehr ab, als gut für Sie ist. Sie sollten aber auch nicht knauserig sein. Schicken Sie die Energie beim Ausatmen zum Kristall. Lassen Sie zu, daß sich die Energie mit der Kristallenergie verbindet, denn Sie wissen ja, daß der Kristall die Fähigkeit hat, zu empfangen, auszusenden und zu verstärken. Lassen Sie die Energie einen Augenblick im Kristall ruhen.
9. Stellen Sie sich vor Ihrem inneren Auge einen Sonnenstrahl vor, der den Kristall berührt. Aus dem Kristall entspringt ein vollkommener Regenbogen, der alle Farben des Spektrums enthält: von Schwarz, also dem Fehlen von Farbe, über Infrarot, Rot, Orange, Gelb, Grün, Blau, Indigo, Violett, Ultraviolett bis zu Weiß, der Gegenwart aller Farben. Jedes Farbband im Regenbogen enthält eine Energie, die allem hilft und alles heilt, was sie berührt.
10. Visualisieren Sie, daß sich der Regenbogen zum Himmel hinauf ausdehnt; dort oben krümmt er sich und dringt wieder in die Erde ein. Er gleitet durch die festen Erdschichten, auf denen wir gehen, durch die Flüssigkeiten darunter, durch die Gase

und den Äther, bis er sich mit dem Licht im Mittelpunkt der Erde vereinigt.

11. Schauen Sie sich an, wie sich der Regenbogen mit dem Erdlicht vermischt. Manche Menschen sehen dies wie einen Teppich, der gewoben wird, andere sehen ein Bild, das gemalt wird oder einen Wirbelsturm aus Regenbogenfarben, der durch weißes Licht tanzt. Lassen Sie die Energien sich auf die Art, die Ihnen gefällt, miteinander verbinden, denn Sie wissen, daß die Erde sich aus dem Regenbogen das nehmen wird, was sie gerade als Hilfe und zur Heilung braucht. Bedenken Sie auch, daß die Erde Ihnen durch den Regenbogen, der aus Ihrer Energie und der Energie des Kristalls besteht, alles schenken wird, was sie Ihnen in diesem Augenblick zu schenken hat.
12. Ziehen Sie den Regenbogen wieder durch die Erdschichten, wenn die Energien verschmolzen sind.
13. Lassen Sie den Regenbogen durch Ihre Fußsohlen eindringen. Er wandert Ihre Beine, die Wirbelsäule und den Hals hinauf zu Ihrem Kopf und tritt durch Ihr Krönungschakra wieder aus.
14. Schicken Sie den Regenbogen zur Sonne, und lassen Sie zu, daß sich seine Energien mit der der Sonne vermischen. Die Sonne kann aus dem Regenbogen entnehmen, was sie zur Heilung braucht, und Ihnen alles schenken, was sie in diesem Augenblick zu schenken hat.
15. Holen Sie den Regenbogen in den Kristall zurück, wenn die Energien verschmolzen sind. Lassen Sie die Energien eine Weile im Kristall ruhen. Fühlen Sie die Energie im Kristall, und beobachten Sie, wie sie sich nach dem Verschmelzen mit der Erde und der Sonne verändert hat.
16. Stellen Sie sich noch einmal vor, wie ein Sonnenstrahl den Kristall berührt und einen Regenbogen erzeugt. Dieses Mal schikken Sie den Regenbogen, der aus Ihrer Energie, der Energie des Kristalls, der Energie der Erde und der Energie der Sonne besteht, über das Stück Land, auf dem Sie stehen. Wenn er das Land bedeckt, kann er allen Wesen – den Elementen, den Pflanzen, den Tieren und Menschen – das geben, was sie brauchen, um geheilt und unterstützt zu werden.

17. Visualisieren Sie nun, wie sich der Regenbogen nach Norden krümmt, bis er den Nordpol unseres Planeten erreicht.
18. Stellen Sie sich vor, wie sich das andere Ende nach Süden krümmt, bis er den Südpol unseres Planeten erreicht. In der Mitte wölbt er sich hoch, bis Sie einen Bogen aus buntem Licht sehen. Die Farben, also die Energien des Regenbogens, geben allen Kindern der Erde das, was sie als Hilfe und zur Heilung brauchen.
19. Und nun schicken Sie den Regenbogen, als würden Sie einen Teppich ausrollen, in östlicher Richtung um den Globus, und sprechen Sie den Namen aller Länder und Gewässer aus, die der Regenbogen bedeckt, bis Sie sehen können, daß die ganze Erde in Licht gehüllt ist. Alle Menschen auf der Erde können diesem Regenbogen entnehmen, was sie als Hilfe und zur Heilung brauchen.
20. Wenn der Regenbogen die ganze Erde bedeckt, ist ein guter Augenblick gekommen, um einen Segen an jene zu schicken, von denen Sie wissen, daß sie ihn besonders dringend brauchen, oder an jene Wesen, denen Ihr Herz besonders verbunden ist. Es können die Elemente sein, Pflanzen, Tiere oder Geister und auch Menschen.
21. Wenn Sie Ihren Segen gesprochen haben, beginnen Sie den Regenbogen wieder zu seinem ursprünglichen Zustand einzurollen. Dann führen Sie den Regenbogen in den Kristall zurück.
22. Achten Sie auf Ihren Atem und auf den Kreis aus Energie, der Sie umgibt und Sie schützt.
23. Ziehen Sie beim nächsten Einatmen Ihre Energie aus dem Kristall zurück in Ihre eigene Sphäre. Fühlen Sie, ob und wie sich Ihre Energie verändert hat, nachem Sie sie mit allen Ihren Verwandten teilen und verbinden durften.
24. Vergewissern Sie sich, ob Sie gut geerdet sind. Wenn nicht, knien Sie sich auf den Boden, und legen Sie den Kopf auf die Erde, bis Sie sich geerdet fühlen. Blicken Sie, wenn Sie die Augen öffnen, zuerst zum Himmel, zu den Bäumen und Pflanzen in Ihrer Umgebung. Beobachten Sie, ob sie anders aussehen. Betrachten Sie die Schönheit der Natur, die immer um Sie ist.

Diese Visualisierung hat vielen Menschen geholfen, ihr Gefühl der Verbundenheit mit der Erde und allen Wesen auf ihr zu stärken. Sie ist eine sehr heilsame Übung für Sie und die Erde. Sie hilft Ihnen, sich Ihrer Verbundenheit mit allem Leben bewußt zu werden. Und sie ist eine sehr machtvolle Art, einen Kristall in einer Zeremonie zu benutzen. Wabun hat herausgefunden, daß sich ein Kristall, nachdem er für diese Zeremonie benutzt wurde, anfühlt, als wollte er zu nichts anderem mehr benutzt werden. Er fühlt sich an, als sei er zufrieden.

Kristalle können jede Zeremonie verstärken, solange sie respektvoll benutzt werden. Sie sind mächtige Helfer bei jeder Zeremonie. Manchmal, wenn Sie einen starken Zeremoniekristall benutzen, werden Sie sich sogar fragen, ob die Idee für eine Zeremonie von Ihnen oder von ihm kommt.

Lassen Sie zu, daß die Kristalle Ihre Rituale verstärken, und lassen Sie sich von ihnen anleiten, an jedem wichtigen Punkt Ihres Lebens eine Zeremonie abzuhalten.

8
Reinigung und Pflege von Kristallen

Da Kristalle die ganze Bandbreite menschlicher Emotionen aufnehmen können und ständig den Schwingungen von Menschen ausgesetzt sind, müssen sie regelmäßig von den Energien, die sie aufgenommen haben, gereinigt werden. Wie oft ein Kristall gereinigt werden und wie oft er von seinem Benutzer eine gewisse Art ritueller Aufmerksamkeit bekommen muß, ist verschieden. Unser Anliegen ist nicht einfach die Säuberung, sondern auch die Verehrung. Eine Freundin sagte uns, daß sie ihren Kristallen manchmal Blumen mitbringt und damit ihre tiefe Liebe zu den Steinen ausdrückt. Das ist keine Reinigungstechnik, sondern eine liebevolle Geste; sie bringt Mensch und Kristall zusammen, indem der Mensch dem Kristall zeigt, wie dankbar er für seine Hilfe und Gegenwart ist.

Auch wenn die Kristalle bei manchen Ritualen in den Regen hinausgelegt oder dem Licht des Vollmondes ausgesetzt werden, dient das nicht unbedingt der Reinigung. Es sind vielmehr Rituale der Dankbarkeit und Anerkennung. Kristalle sind natürliche Elemente und mögen es oft einfach, im Mondlicht, in der Sonne oder im Wasser zu sein.

Wenn Sie anerkennen, daß auch sie Bedürfnisse haben, bedeutet das viel für Sie selbst und den Kristall. Aus diesem Anerkennen entwickelt sich ein Gespür für die Dinge, die Ihre Kristalle brauchen. Sobald Sie bereit sind, diese Dinge zu lernen, können Sie mit verschiedenen Reinigungsmethoden experimentieren und sich überlegen, wie Sie die Kristalle erfreuen können. Es ist wichtig, daß Sie sich um alle Ihre Kristalle kümmern – ob Sie sie bei sich tragen oder mit ihnen arbeiten.

Wir wollen in diesem Kapitel Methoden und Rituale zur Reinigung und Ehrung von Kristallen beschreiben; dabei unterscheiden wir nach dem Element, das bei jedem Ritual benutzt wird.

Da Kristalle aus Feuer und Luft zu festen Bestandteilen der Erde gewachsen sind, können sie auf jedes einzelne oder alle vier Elemente reagieren. Experimentieren und pflegen Sie einen intensiven Austausch mit Ihren Kristallen. Sie werden von ihnen erfahren, welches Element und welche Rituale sie zur Reinigung brauchen.

Erdrituale

Da Kristalle tief aus dem Erdinnern kommen, begraben manche Leute sie für einen Tag, eine Woche oder einen Monat, um sie zu reinigen und zu erfrischen. Die Erde zieht negative Energien aus dem Kristall und verwandelt sie auf ähnliche Weise, wie Samen in Bäume und Körper in Staub verwandelt werden.

Eine Vorsichtsmaßnahme, zu der wir hier raten möchten, besteht darin, keinen Kristall im Boden zu lassen, wenn die Gefahr von plötzlichem Frost besteht. Wenn ein Kristall sich langsam an niedrige Temperaturen gewöhnen kann, springt er nicht, aber wenn im Herbst ein überraschender Frosteinbruch kommt, bleibt dem Kristall keine Zeit, sich von der Wärme auf die Kälte umzustellen, und er könnte zerspringen. Bedenken Sie, daß viele Kristalle Rutile enthalten, die auf Temperaturwechsel anders reagieren als der Kristall selbst. Kupfer und Gold, die man in vielen Rutilen findet, erwärmen sich rascher und kühlen rascher ab als der Kristall. Wenn zwischen Kristall und Rutil ein Temperaturunterschied entsteht, kann der Kristall brechen.

Eine andere Reinigungsmethode mit Hilfe der Erde besteht darin, den Kristall einen Tag lang in einem Blumentopf zu lassen oder die Pflanze sogar zu seiner ständigen Behausung zu machen. Die Erde wird wenigstens einen Teil der negativen Energien herausziehen. Wenn ein Kristall einem Trauma oder einer schweren Krankheit ausgesetzt war, muß er allerdings nachhaltiger geerdet werden, als es mit einer Topfpflanze im Haus möglich ist.

Meersalz, ein häufig vorgeschlagenes Mittel zum Reinigen von Kristallen, magnetisiert und zieht negative Energien heraus, aber es hält sie auch fest. Damit ist zwar der Kristall gereinigt, aber man bleibt auf einem Haufen negativ geladenem Salz sitzen, das man so beseitigen muß, daß nichts anderes verunreinigt wird. Es ist nicht ganz geklärt, wie schnell das Salz negativ wird. Manche Heiler legen ihre Kristalle zwischen den Sitzungen mit den Klienten in eine Schale mit Salz, damit sie ruhen können und gereinigt werden. Sie wechseln das Salz höchstens einmal in der Woche oder im Monat aus. Andere wechseln das Salz nach jedem Gebrauch.

Salbei schafft eine Barriere zwischen dem Kristall und den Außeneinflüssen, also ist es gut, dem Kristall ein Bett aus Salbei zu machen, in dem er ruhen kann. Wenn Salbei zerstoßen wird, kann er negative Energien entfernen. Sie können getrocknete Salbeiblätter in der Hand zerkrümeln und den Kristall damit abreiben, wenn Sie ihn schnell reinigen möchten.

Luftrituale

Gebet

Die einfachste Luft-Methode ist das Gebet. Bitten Sie darum, daß alle schwierigen Energien im Kristall geklärt und der Kristall nur mit den besten Absichten benutzt wird. Sie können auch um Führung für sich selbst bitten, wenn Sie mit dem Kristall arbeiten möchten.

Atemtechniken

Manche Leute benutzen Atemtechniken, um Kristalle zu reinigen. Eine geht von der einfachen Tatsache aus, daß der Kristall an Sie gebunden werden muß, ehe Sie ihn benutzen können. Das ist im Grunde keine Reinigungstechnik, weil damit nicht ausdrücklich negative, sondern nur die Energien entfernt werden, die nicht Ihre eigenen sind. Halten Sie den Kristall mit der Spitze nach außen vor Ihren Mund, denken Sie an Ihre Absicht, und blasen Sie den Atem in den Kristall. Damit schicken Sie Ihre Absicht in den Kristall. Der Atem ist der Träger dieser Absicht.

Magnetismus

Die magnetische Anziehung zwischen Dingen hat die Menschen seit jeher beschäftigt. Heute wissen wir, daß Magnetismus ein Aspekt der Elektrizität ist und daß alles auf der Erde elektromagnetische Eigenschaften hat. Wir erforschten Verfahren, um die Ätherkörper von Kristallen mit Magneten zu reinigen. Wir fanden bald heraus, daß manche Kristalle nicht auf Magnetismus reagieren, weil sie aus einem diamagnetischen Feld kommen; das bedeutet, daß sie magnetische Kräfte abstoßen. Wenn Sie also Ihre Kristalle mit Magneten, Magnetspulen oder anderen magnetischen Werkzeugen reinigen möchten, dann müssen Sie zuerst feststellen, ob der Kristall, mit dem Sie experimentieren, aus einem diamagnetischen Feld kommt. Wenn das zutrifft, funktioniert Magnetismus bei ihm nicht.

Feuerrituale

Von Blitzen über Kerzen bis zur Sonne ist das Feuer Bestandteil zahlreicher Kristallrituale. Viele Leute benutzen die Sonne, um ihre Kristalle zu reinigen und aufzuladen, indem sie sie einfach dem Sonnenlicht aussetzen. Wenn Sie diese Methode anwenden, müssen Sie wissen, wie das Sonnenlicht auf Kristalle wirkt. Einmal sind Kristalle wie Brenngläser. Wenn Sie einen Kristall bei starkem Sonnenlicht ins Gras legen, kann er die Wiese in Brand setzen. Das gleiche gilt natürlich für Ihre Veranda und für alles andere, was Feuer fangen kann. Wenn Sie einen Kristall auf den Boden legen und der Sonne aussetzen möchten, vergewissern Sie sich, daß keine Büsche, kein Gras und nichts anderes in der Nähe ist, das Feuer fangen kann.

Wenn Sie mit Blitzen experimentieren möchten, um Kristalle zu reinigen, dann müssen Sie sehr vorsichtig sein. Manche Blitze dringen gar nicht durch den Kristall, können aber trotzdem ein Feuer entfachen; Blitzschläge können einen Kristall sogar zerbrechen. Überlegen Sie sich genau, was Sie tun, wenn Sie einen Kristall mit Sonnenlicht oder Blitzen reinigen möchten.

Wenn im Kristall ein Rutil ist, der aus einem anderen Material besteht, sollten Sie ihn weder der Sonne noch einem Blitz aussetzen, weil das Material im Rutil ganz anders auf Hitze oder Licht reagieren kann als der Kristall.

Es gibt eine einfache Methode, Kristalle mit Feuer zu reinigen: Fassen Sie ihn in der Mitte, lassen Sie Spitze und Basis frei, und ziehen Sie ihn dreimal schnell durch die Flamme einer geweihten Kerze. Halten Sie ihn nicht zu lange in die Flamme, weil die Hitze den Kristall zerbrechen kann.

Wenn Sie das Gefühl haben, daß ein Kristall eher auf die Energie des Mondes eingestimmt ist, brauchen Sie für seine Reinigung ein Mondritual. Der Vollmond wird gewöhnlich als die Phase betrachtet, in welcher der Mond am meisten Kraft hat, also kann eine Vollmondzeremonie, bei der ein Kristall entweder dem Mond dargeboten oder die ganze Nacht im Mondlicht liegengelassen wird, den

Stein wirkungsvoll reinigen und aufladen. Wenn Sie die verborgene Kraft des Neumondes vorziehen, können Sie Ihre Kristalle auch zu diesem Zeitpunkt reinigen.

Wabun räuchert ihre Kristalle regelmäßig. Der Rauch der brennenden Kräuter balanciert den Ätherkörper des Kristalls aus. Meist benutzt sie Salbei, Sweet Grass, Zeder, Tabak oder eine Mischung dieser Kräuter. Sie werden in eine Muschel oder in eine Schale gegeben, angezündet und verbrannt, bis sie nur noch glühen. Die Glut wird mit Federn oder dem Atem angefächelt. Der Kristall wird gereinigt, indem er über den heiligen Rauch gehalten wird. Lassen Sie den Rauch den Kristall ganz einhüllen. Das Räuchern wird in Kapitel 3 ausführlich erklärt.

Wasserrituale

Kristalle können in Bächen, in Leitungswasser, in geweihtem Wasser oder im Regen gereinigt werden. Regen ist ein hervorragendes, einfaches Reinigungsmittel für Kristalle, denn die Energien, die entfernt werden müssen, werden vom Regen in die Erde gespült. Viele Leute legen die Kristalle in eine Lösung aus Meersalz und Wasser und lassen sie über Nacht oder länger darin liegen.

Kristalle in einen Bach, ins Meer oder unter einen Wasserfall zu legen, ist eine hervorragende Reinigungsmethode, doch Sie müssen die Kristalle festhalten oder sie mit Steinen umgeben, damit sie nicht fortgespült werden oder irgendwo anschlagen. Es ist aber die Mühe wert, weil das Wasser magnetisch genug ist, um einen Kristall zu regenerieren, und stark genug, um negative Energien zu entfernen.

Reinigen mit anderen Steinen

Kristalle können von anderen Steinen gereinigt oder geheilt werden; ein dramatisches Beispiel dafür haben wir von Anita Moloney erfahren. Sie hatte eine Amethystgruppe mit mehreren zerdrückten Spitzen. Als ihr jemand ein Stück Kunzit gab, legte sie es intuitiv auf die Gruppe in die Nähe der Bruchstellen. Nach etwa drei Wochen sah sie, daß aus dem zerdrückten Amethyst eine wundervoll klare, rosafarbene Spitze gewachsen war!

Da Hämatit einen großen Eisenanteil enthält und deshalb ein hervorragender Erdungsstein ist, legen wir manchmal Kristalle auf Hämatit. Pyrit ist ebenfalls gut, aber zu unhandlich. Jaspis, vor allem Blutstein, enthält genug Eisen, um gut zu erden, stimmt sich aber außerdem auf negative Energien ein, »findet« sie und zieht sie heraus.

Um Kristalle vor negativen Energien zu schützen, können Sie sie mit Fluorit umgeben oder ein Stück Fluorit vor die Spitze und ein weiteres Stück an die linke Seite des Kristalls legen.

Ein Stück Blutstein auf der rechten Seite des Kristalls absorbiert die negativen Energien, wenn der Kristall eine schwere Arbeit hinter sich hat, aber auf der linken Seite muß ein Katalysator liegen, etwa ein zweiter Kristall, dessen Spitze auf den zu reinigenden Kristall gerichtet wird.

Ernährung von Kristallen

Reed nährt ihre Kristalle bei der Winter- und Sommersonnenwende, denn sie glaubt, daß es gerade an diesen Tagen wichtig ist, alle unsere Freunde wissen zu lassen, wie sehr wir sie schätzen. Sie weicht unbehandelten, reinen Tabak eine halbe Stunde in Wasser ein und legt dann die Kristalle nacheinander je zehn Minuten hinein. Die Leute in Südamerika geben ihren Kristallen regelmäßig den Saft von grünem Tabak, und Reed glaubt, daß gerade die Kraft des

Tabaks für Kristalle gut ist. Wabun opfert ihren Kristallen meist Maismehl, wann immer sie den richtigen Augenblick für gekommen hält; sie macht das Opfer oft, nachdem sie eine Zeremonie ausgeführt hat, bei der sie den Kristall benutzte.

Natürlich steckt mehr dahinter, als dem Kristall nur einen Trank oder Maismehl anzubieten; das Ritual ist unsere Art, den Kristallen zu sagen, daß sie in ihrer Beziehung mit uns nicht immer nur die Gebenden sind. Manchmal ist dieses Gleichgewicht zwischen Geben und Nehmen in einem Ritual das Wichtigste. Kristalle zu nähren ist vielleicht die schamanische Art anzuerkennen, daß man nichts geschenkt bekommt.

Lagerung

Manche Leute, Reed zählt zu ihnen, bewahren ihre Kristalle meist unbedeckt auf. Andere wie Wabun packen sie, wenn sie sie nicht benutzen oder wenn sie auf Reisen sind, gut ein. Zwischen Menschen, die Kristalle benutzen, herrscht allgemein Übereinstimmung darin, daß man nur natürliche Materialien zum Einpacken benutzt. Manche nehmen Seide, andere Wolle; wieder andere Baumwolle. Einige Heiler benutzen auch Leder, doch viele Menschen glauben, das Trauma des gestorbenen Tieres hinge noch im Leder und könne den Kristall beeinflussen. Niemand, den wir kennen, wickelt seine Kristalle in synthetische Stoffe ein. Einige Heiler bewahren ihre Kristalle so auf, daß sie einander berühren; andere glauben, zwei Kristalle dürften sich niemals berühren. Wir bewahren zwar jeden Kristall an seinem Ort oder in seinem Beutel auf, aber in Zeremonien oder beim Wässern dürfen sie sich manchmal berühren.

Sie können eine oder alle Reinigungsmethoden für Kristalle verwenden. Welche Methode Ihnen auch richtig erscheint, beachten Sie die Bedürfnisse der Kristalle wie Ihre eigenen. Wenn es Ihnen unbequem ist, Ihre Kristalle in einem Bach zu reinigen, dann verwerfen Sie die Methode nicht, ohne den Kristall zu fragen. Seine Bedürfnisse sind mindestens genauso wichtig wie Ihre.

9
Kristall-Reflexionen

Wir leben in einem Zeitalter des raschen Lustgewinns: Fast Food, schnelle Autos, schnelle Ehen, schnelle Scheidungen, schnelle Eisenbahnen, schnelles Lernen. Überrascht es da, daß Kristalle so beliebt sind wie der Hula-Hoop-Reifen, wie Schmucksteine und Barbiepuppen? Aber die indianischen Lehrer sagen, daß man die Medizin nicht drängen kann. Sie können einen oder hundert Kristalle kaufen, eines oder zwanzig Bücher lesen, und trotzdem sind Sie kein Kristallexperte, solange Sie nicht wirklich verstanden haben, was Kristalle sind und wie sie behandelt werden müssen. Dieses Verständnis bedeutet für uns etwas viel Tieferes, als nur ein paar Methoden zur Auswahl oder Reinigung von Kristallen oder zur Arbeit mit ihnen zu kennen. Wenn Sie ernsthaft mit Kristallen arbeiten möchten, müssen Sie diese Vertreter des Mineralreiches mit kristallklarem Bewußtsein behandeln. Sie müssen versuchen, alle Aspekte ihres Seins und ihrer Beziehung zu Ihnen und der Erde zu verstehen. Die meisten Leute, mit denen wir über ihre Kristallarbeit sprachen, äußerten sich besorgt über die Pflege der Kristalle, denn manche hatten am Anfang, als sie mit der Arbeit begannen, Fehler gemacht. In diesem Kapitel, in dem ihre und unsere Erfahrungen wiedergegeben werden, wollen wir Ihnen helfen, Ihr Bewußtsein dahingehend zu vertiefen, daß Kristalle bald ein wichtiger Teil Ihres Lebens sein könnten. Wie überall gilt auch hier, daß die Wohltaten um so größer sind, je tiefer das Verständnis reicht.

Amylee ist die letzte einer Ahnenreihe von Irokesen-Medizinfrauen. Sie hält sich für eine Initiierte, noch nicht für eine Medizinfrau. Sie reist durch das Land und lehrt über ihr Erbe, über Frauen und über Steine und Kristalle.

»Die Lehren meiner Großmutter, die Irokesin war, besagen, daß alles Leben aus ganz eigenen Gründen hier ist, aber auch, um uns Menschen zu führen und zu unterweisen. Viele Male stellen die Vertreter der anderen Königreiche ihre eigenen Absichten zurück und lassen uns mit sich arbeiten, damit unser Wissen vertieft werde. Dies ist ein Opfer, das sie bereitwillig und voller Liebe bringen. Kristalle besitzen eine ganz eigene Intelligenz, aber ein Teil ihrer Verbindung mit unseren Seelen verlangt, daß sie manchmal ihren eigenen Willen beiseite lassen, damit wir sie benutzen und verändern können und uns durch sie in der Schöpfung zurechtfinden. Manchmal machen wir im Umgang mit ihnen Fehler, und manchmal machen wir Fortschritte. Wegen dieser Lehre teile ich nicht die Furcht vieler Menschen, daß Kristalle mißbraucht werden könnten. Ich weiß, daß sie das nicht zulassen werden.«

Dawn Silver meint ebenfalls, daß Kristalle Opfer erbringen, um dem Reich der Menschen zu helfen, und sie hofft, daß die Menschen das zu schätzen wissen. »Wenn wir Kristalle zu uns in die Stadt bringen, können wir jeden Tag in engem Kontakt mit der Natur sein. Die Schönheit der Kristalle kann uns ermahnen, uns nie von unserer Mutter Erde zu entfernen. Zum Ausgleich ergreifen die Kristalle gern die Gelegenheit, mit uns Zweibeinern zusammenzuwirken, um hoffentlich von uns eine neue Dimension der Freundschaft zu gewinnen.«

John Leal, der viel mit Kristallen gearbeitet hat, hält es für wichtig, nicht zu vergessen, daß jeder Kristall ein Werkzeug ist, das uns die Mutter Erde geschenkt hat, um unser spirituelles Leben zu bereichern. Mary Len Chavers ist der gleichen Meinung und setzt hinzu: »Die wichtigste Lehre, die ich empfangen habe, ist die, daß Kristalle eine Lebensform sind, die Pflege, Aufmerksamkeit und Achtung braucht, wenn man mit ihr arbeitet.«

Judith Truthstone Brigham betont in ihren Lehren, daß wir mit allen anderen Königreichen eins sind.

»Vielleicht war jedes Stück Fels einmal ein Stein. Die Steinleute tragen seit dem Anfang der Zeit alle Weisheit in sich, denn sie existierten auch damals schon und sahen alles, was geschah. Ich versuche, den Gebrauch von Kristallen zu demystifizieren, während ich die Menschen zugleich mit Ehrfurcht vor der Schönheit und der Kraft dieser wundervollen Steine erfüllen will. Ich versuche auch, das zu vermeiden, was ich Kristall-Elitarismus nenne, und ermuntere die Teilnehmer, alle Steine zu lieben, auch die angestoßenen und trüben. Ich versuche, in jedes Haus einen Kristall zu bekommen, wo er als Tor für den Geist dienen und das Bewußtsein erheben kann.«

Michael Smith berichtet, daß die wichtigste Lektion, die er durch Kristalle lernte, die Verbundenheit aller sichtbaren und unsichtbaren Dinge betrifft – sie sind durch die universelle Energie der einen Quelle verbunden. »Der Quarzkristall aus dem mineralischen Königreich der Mutter Erde ist von Natur her ausbalanciert und eingestimmt auf das Universum, auf alle Formen des Lebens und der Materie auf dem Planeten. Die unsichtbaren Energielinien erstrecken sich wie ein Spinnennetz und ermöglichen dem Kristall augenblicklichen Zugang zu allen Geschöpfen.«

Lebendige Baumeister der Form

Page Bryant und ihr Lehrer Albion sagen, daß das Mineralreich nur auf den Aufbau der Form konzentriert sei.

»Es gibt kein Selbstbewußtsein im Mineralreich, nur die Absicht zu erschaffen und Formen zu errichten. Aus dieser Form besteht unser Planet Erde und jeder andere Körper, der im Sonnensystem existiert, soweit er Teil der materiellen Welt ist. Obwohl es im Mineralreich keine Intelligenz oder Selbstbewußtsein (im menschlichen Sinne) gibt, ist es den Menschen doch möglich, seine Angehörigen zu beeinflussen oder gar zu verletzen ... indem sie den Prozeß des Aufbaus der Form stören und damit die karmische Verantwortung des Mineralreiches ... ganz eigene Formen aufzubauen.«

Wie Page und Albion lehren, können Minerale und besonders Kristalle mit ihrem formgebenden Bewußtsein zur Heilung benutzt werden – also um eine Manifestation zu re-formieren.

»Einen Kristall umzuformen und als schmückende Kette am Hals zu tragen, ist dem Mineralreich gegenüber eine Blasphemie. Wird jedoch ein Naturkristall zum Heilen benutzt, dann spiegelt er den freien Willen des Mineralreiches wider, dem menschlichen Reich zu helfen, und erfüllt eine angemessene und karmisch positive Aufgabe und Pflicht. Der richtige Gebrauch des Kristalls erzeugt eine Einstimmung zwischen dem mineralischen und dem menschlichen Reich und ihren einzigartigen Formen des Bewußtseins.«

Wenn Sie sich Ihren Kristall als Lebewesen vorstellen, das eine ganz eigene Arbeit zu tun und ein ganz eigenes Schicksal zu erfüllen hat, das ganz eigene Verbindungen im Leben besitzt und eigene Erinnerungen an die Schöpfung hat, werden Sie ihn mit neuen Augen betrachten und nicht mehr als schmückenden Stein sehen oder als Werkzeug, das Sie nach Belieben programmieren können.

»Achte sie«, sagt Amylee. »Sie leben. Heute will jeder einen Kristall haben. Das macht mir etwas angst. Ich versuche immer, die Menschen zu lehren, daß Kristalle ebenso lebendig sind wie alle anderen Geschöpfe. Sie müssen sie entsprechend behandeln.

Der erste Schritt ist, dem Kristall zuzuhören. Es geht nicht darum, großartig zu verkünden: ›So, jetzt hole ich mir einen Kristall, damit ich an meinen Emotionen arbeiten kann.‹ Ein Kristall ist kein Mittel gegen Schlaflosigkeit, kein leeres Computerband, das nach Lust und Laune programmiert werden kann. Kristalle haben Seelen, Geister und ein eigenes Bewußtsein. Fragen Sie den Kristall, wie er benutzt werden will, und hören Sie auf die Antwort. Wenn Sie das nicht tun, entführen und mißbrauchen Sie ihn.«

Einflüsse von Kristallen

Wenn wir Kristalle beeinflussen, können sie auch uns beeinflussen. Viele Menschen, die mit Kristallen arbeiten, glauben das.

Mary Len Chavers sieht Kristalle als spirituelle Führer, die unser Leben verändern können. »Kristalle«, sagt sie, »beugen sich nicht immer unserem Willen. Sie beeinflussen auch uns.«

Die folgenden Aussagen stammen von Colleen Kelly, der Gründerin der Cristaux-Organisation in Santa Fe.

»Die Kristalle sind ein zentraler Teil einer Vision, die viele der Menschen zusammenbrachte, mit denen wir heute arbeiten. Diese Vision regte uns an, unser Leben auf die verschiedenste Weise der Mutter Erde zu widmen. Wir glauben, daß die Kristalle für viele von uns wichtige Lehrer und Quellen der Inspiration waren.

Eines der wichtigsten Dinge, die die Kristalle als Lehrer in mein Leben brachten, ist die erhöhte Einstimmung auf einen Bereich des Bewußtseins, den ich als Intelligenz der Erde bezeichnen möchte. Ich habe gehört, daß man die Kristalle als ›Gehirnzellen‹ der Mutter Erde bezeichnete, und ich bin sicher, daß sich durch meine Beziehung zu Kristallen meine Sensitivität für die Erde vergrößert hat.«

Die Heilerin Anita Moloney unterstreicht in ihren Lehren, daß wir Menschen jedem Kristall auf die gleiche rücksichtsvolle und respektvolle Weise begegnen müssen wie einem Freund oder einem weisen Lehrer.

»Denn das sind sie. Obgleich es so einfach scheint, glaube ich, daß die Lektion, wie man eine heilige Beziehung schafft und erhält, für die Leute in den westlichen Gesellschaften heute wahrscheinlich das wichtigste Thema ist. Meiner Ansicht nach sind Techniken zweitrangig, wenn man dem Steinvolk mit Liebe, Achtung, Dankbarkeit und Vertrauen begegnet. Der Rest wird wie von selbst geschehen.«

»Die Kristalle erwählen mich und sorgen für mich«, sagt Amylee, »und ich sorge für sie, indem ich auf das höre, was sie brauchen.«

Sue Powell sagt, daß man, wenn man viel Zeit mit einem Kristall verbringt und eine Beziehung gegenseitiger Achtsamkeit entsteht, neue Techniken schaffen könne, die ganz speziell für Sie und Ihren Kristall richtig seien.

»Lassen Sie sich nicht von den Vorstellungen all der Kristallgurus beirren. Jeder von ihnen mag gültige Aussagen machen, aber wir alle sind Individuen, und Kristalle sind es auch. Wie könnte es da eine für alle passende Antwort geben? Es ist wichtig, daß Sie Ihren Kristallen gegenüber offen sind. Sie vermögen viel mehr mit uns zu tun, wenn wir ohne Beschränkungen geben und nehmen können.

Ich habe herausgefunden, daß Kristalle oft meinen sehr beschränkten Erwartungen entsprechend reagieren, zum Beispiel, was Heilungen angeht. Wenn ich einige der Dinge loslassen kann, die ich gelesen oder gehört oder mir irgendwie zurechtgelegt habe, kann ein Kristall anscheinend seine volle Kapazität entfalten und mühelos verrenkte Knöchel und Rücken heilen.«

Judith Truthstone Brigham versucht, den Teilnehmern ihrer Workshops dabei zu helfen, sich auf jene Kristallenergien einzustimmen, die mit ihren eigenen Schwingungen am besten harmonisieren. Sie läßt jeden einen Stein in die Hand nehmen und eine Meditation ausführen, bei welcher der Teilnehmer die Qualitäten des Steins in sich aufnimmt. »Ich fordere sie auf, in einen Dialog mit dem Geist des Steins zu treten und den Geist um Hilfe bei ihrem jeweiligen Ziel zu bitten. Ich lehre, daß die Kristalle alles verstärken, was da ist, und daß sie als Werkzeuge zur Selbsttransformation und zur Heilung dienen können.«

Warum interessieren sich heute so viele Menschen für Kristalle? Ist das nur eine Mode, oder gibt es einen tieferen Grund? Vielleicht halten die Kristalle in unserer Zeit, da sich alles auf der Erde immer schneller verändert, Lektionen und Ideen bereit, die sie dem Reich der Menschen übermitteln wollen. Vielleicht möchten nicht nur Sie einen Kristall; vielleicht will ein Kristall gerade mit Ihnen zusammen sein.

Amylee sagt: »Es ist gut möglich, daß jetzt gerade Millionen von Kristallen ebenso viele Menschen rufen. Die Leute hören vielleicht mit ihrer inneren Stimme, daß sie einen Kristall brauchen.«

Becca Costello glaubt, daß Kristalle Werkzeuge sind, daß sie für Gedanken empfänglich sind und immer voller Achtung behandelt werden sollten. Sie warnt aber davor, sich von ihnen abhängig zu machen oder sie anzubeten. »Wirkliche Veränderungen«, sagt sie, »kommen tief aus dem Herzen. Die Kristalle helfen nur, diese Veränderungen zu verstärken.«

Kristalle und Pflichtbewußtsein

Manche Menschen, die mit Kristallen arbeiten, haben die Lektion gelernt, die Becca sehr dramatisch beschreibt, und sie wollen mit ihren Lehren und ihrer Arbeit anderen helfen, einige der Fallen zu meiden, in die sie selbst getappt sind. Carol Thomas-Klausner sagt, daß die wichtigste Lektion, die sie von Kristallen gelernt hat, darin bestand, die Verantwortung für ihr Leben selbst zu übernehmen. Aber es war keine leichte Lektion.

»Vor zehn Jahren, als mein Interesse an Kristallen erwachte, war ich begeistert darüber, wie leicht und schnell man mit interdimensionalen Wesen Kontakt aufnehmen konnte. Und diese Wesen hatten viel zu sagen und waren bereit, mich in jeder Lebensphase anzuleiten und zu führen. Welche Erleichterung! Jetzt konnte jemand anderer für mich die Entscheidung treffen, wenn ich es nur zuließ.

Am 11. April 1980 kam ich in Phoenix, Arizona, bei einer Kristallmeditation mit Master Cherabim in Kontakt. Er informierte mich, daß ich meinen Partner gefunden hätte und sagte mir, wer er sei. In einem späteren Channeling erfuhr ich, daß wir zusammen durchs Land reisen würden. Das war toll! Nun hatte ich einen Partner, mit dem ich reisen konnte. Ich hatte keinen Zweifel, daß diese Mitteilungen der Wahrheit entsprachen.

Zwei Jahre lang folgte ich den Anleitungen und Botschaften, die ich bei Kristallmeditationen von verschiedenen Wesen bekam.

Als ich am 5. August 1982 die Botschaft bekam, ich solle nach Arkansas umziehen, um ›völlig in die Kristallenergien einzutauchen... indem ich mich ihnen nähere...‹, begann ich mir einige Fragen zu stellen. Wovon konnte ich in einer so konservativen Gegend leben? Wer wollte dort schon meine Lehren hören? Woher würde ich das Geld für den großen Umzug bekommen, nachdem ich erst ein Jahr in San Diego lebte und noch keine finanzielle Grundlage hatte? (Das war im Jahr 1982, bevor das Interesse an Kristallen so groß wurde; dazu kam es erst 1986.) Diese Fragen führten zu weiteren Zweifeln.

Die Kristalle waren so wirkungsvolle Kommunikationsmedien, daß der Kontakt mit Wesen außerhalb der Erde sehr leicht wurde. Das war nicht unbedingt schlecht, aber ich hatte meine persönliche Kraft, also meine Fähigkeit, Entscheidungen zu treffen, und meine Verantwortung ›anderen‹ überlassen. Das war nicht klug.

Aus alldem lernte ich, wie wichtig es ist, sich nach dem Empfang einer Botschaft mit dem Handeln eine Weile Zeit zu lassen, und daß ich Intellekt und Intuition vereinen mußte.

Viele Leute suchen nach etwas, mit dem sie sofort Resultate erzielen können – augenblickliche spirituelle Erleuchtung, augenblickliche Heilung von chronischen Krankheiten, Reichtum, Ruhm und so weiter.

Aber nichts außer dem eigenen inneren Wesen hat wirkliche Kraft. Wenn Sie glauben, ein Kristall könnte es ›für dich machen‹, werden Sie den Kristall verlieren, er wird Ihnen gestohlen, oder Sie verlegen ihn. Der Kristall ist ein Werkzeug. Er macht nichts für Sie. Wenn Sie sich nicht verändern wollen, benutzen Sie keine Kristalle!

Kristalle sind Werkzeuge, die eine größere Einstimmung auf das eigene innere Wissen erlauben. Durch diesen Prozeß können gewaltige Lektionen und Botschaften offenbart werden, aber sie kommen nicht unbedingt auf eine hübsche, saubere, ordentliche Art und Weise. Ihr Leben könnte chaotisch werden, wenn die Kristallenergien Veränderungen oder Transformationen verstärken.

Benutzen Sie Kristalle, um auf den Kern Ihres Wesens konzentriert zu bleiben; benutzen Sie sie als Hilfe auf dem Weg durchs Chaos oder den dunklen Tunnel, bis Sie das Licht am Ende des Tunnels erreichen. Das Licht oder die Veränderung kommt immer. Seien Sie geduldig, und bewahren Sie den Glauben an Ihre eigene innere Intelligenz, die, zusammen mit der Weisheit der Kristallenergien, in jeder Wachstumsphase den Durchbruch bringen kann. Auf diese Weise können Kristalle als wirkungsvolle Katalysatoren benutzt werden; aber die Verantwortung und die Bestimmung der Ziele für Ihre Veränderung liegen immer bei Ihnen selbst.«

Amylee machte eine interessante Erfahrung, als sie sich vorübergehend ganz bewußt auf das einließ, was ein Kristall ihr sagte.

»Es war ein kleiner Herkimer-Kristall, den ich selbst aus dem Bergwerk holte, so daß er von niemandem außer mir selbst berührt worden war. Deshalb bin ich auch ganz sicher, daß der Kristall gesprochen hat. Es war ein herrschsüchtiger kleiner Kristall, der mir immer sagte, was ich zu tun hatte. Ich tat aufgrund der Launen oder vielleicht auch Weisheit des Kristalls ziemlich verrückte Dinge. Ich legte sie an Stellen, an die ich sie bewußt, vom Verstand her oder intuitiv nie gelegt hätte.

Ich sage ›sie‹, aber wahrscheinlich war es ein Kristall mit gleich starken männlichen und weiblichen Energien. Ich glaube, daß Kristalle solche Energien haben. Natürlich können sie die eine oder andere Seite verstärken, wenn es nötig ist oder wenn sie darauf programmiert sind.

Ich steckte mir den Kristall ins Ohr, in die Nase, in den Bauchnabel und legte ihn an ungewöhnliche Stellen in meinem Haus: in ein Schlüsselloch und hinter eine Glühbirne. Ab und zu hörte ich eine dünne Stimme aus dem Kristall dringen, die mich stark unter Kontrolle hatte, solange ich gehorchte. Ich besaß gewiß noch meinen freien Willen und konnte nein sagen; ich ließ mich aber darauf ein, mir sagen zu lassen, was ich tun sollte.

Es geschahen interessante Dinge. Die Glühbirne ist nie kaputtgegangen. Ich hatte damals Menstruationsstörungen, die nachließen, als ich mir den Kristall auf den Bauch legte. Meine Erfahrungen mit diesem Kristall führten dazu, daß ich intensiver mit Kristallen zu arbeiten begann. Ich erkannte dabei, daß Kristalle ein eigenes Bewußtsein besitzen. Ich erkannte, daß sie eine Seele und einen Geist und ein Eigenleben haben. Diese Erfahrung bereicherte meine Beziehung zu ihnen. Der kleine Herkimer-Kristall und seine Lehren hatten einen großen Einfluß auf mich.«

Absichten

Die Menschen, die bisher zu Wort kamen, glauben, daß wir den Kristallen zuhören und ihren Einfluß spüren müssen, aber es gibt andere Leute, die glauben, der Hauptakzent des Kristallbewußtseins müßte auf unseren Gedanken und Absichten in bezug auf die Kristalle liegen.

Jonathan Goldman sagt:

»Einen der wichtigsten Lehrsätze über Kristalle, den ich heute weitergebe, lernte ich vor einigen Jahren: ›Das Verhalten der Kristalle wird sich nach deinem Glauben richten.‹ Ich glaube, daß das sehr wahr ist; es erklärt, warum so viele Menschen so unterschiedlich mit Kristallen arbeiten. Letzten Endes bedeutet es, daß die Absicht, die wir bei der Arbeit mit Kristallen haben, die Richtung bestimmt, in welche die Kristalle mit uns gehen. Wenn wir uns Kristalle als heilige Werkzeuge vorstellen, die Aspekte unseres Bewußtseins reflektieren, erfahren wir bei der Arbeit mit Kristallen unsere Wechselbeziehung zu allem anderen. Aus dieser Erkenntnis erwächst die Verantwortung, uns mit der größtmöglichen Klarheit als Kanäle zur Verfügung zu stellen, wenn wir mit diesen wundervollen Werkzeugen des höheren Bewußtseins und des Lichtes arbeiten.«

Alan Morvay glaubt, daß es zwischen dem Kristall, dem Atem, den Gedanken, der Absicht und der Energie eine Wechselwirkung gibt.

»Gedanken sind im Grunde eine Frequenz, eine Schwingung, und die Absicht, die auch eine Schwingung ist, folgt den Gedanken. Bei einem der ersten Vorträge über Kristalle berührte ich einen Kristall, vorher und nachdem der Lehrer ihn mit seiner Energie aufgeladen hatte. Zu meiner Überraschung war der Kristall warm; der Lehrer konnte Energie durch den Kristall schicken, indem er seinen Atem kontrollierte. Später lernte ich, daß es ein Teil dieses Vorgangs war, liebevolle, heilende Gedanken auszusenden.

Sie sind der Kristall. Ein Kristall besitzt keine eigenen magischen Fähigkeiten. Ein Kristall ist nur ein Werkzeug, mit dem die Menschen arbeiten. Die Energie, die durch den Kristall geleitet wird, ist nur so klar und stark wie die Energie des Menschen, der den Kristall benutzt. Ein Kristall kann nur in gewissem Maße die vorhandene Energie verstärken. Die beste Möglichkeit, die Energie zu verstärken, die durch den Kristall fließt, besteht darin, die eigene Spiritualität zu stärken. Spirituelle Praxis hebt die Schwingungsfrequenz des Menschen und macht ihn zugleich zu einem besseren Heiler.«

Carol Glover betont ebenfalls die Bedeutung der Absicht.

»Kristalle verstärken, reinigen und speichern Energie. Doch sie sind Verstärker, die keine Unterscheidungen treffen. Sie verstärken alles, was sie aufnehmen. Deshalb ist es so wichtig, mit einer klaren Absicht zu handeln.

Ich arbeite seit acht Jahren mit Kristallen. Als mein Interesse an ihnen erwachte, begann ich sie zu tragen; ich trug immer einen oder zwei über meinen Chakras. Im Rückblick weiß ich nun, daß damit eine intensive Wachstumsperiode für mich begann. Wenn ich überstarke Emotionen hatte, ob es nun Trauer oder Freude war, dann halfen sie mir. Ich lernte meine Lektionen schneller. Als ich erkannte, was da geschah, konzentrierte ich mich stärker darauf, meine Absicht zu klären.

Eine Technik, die ich anwende, besteht darin, daß ich einen Kristall in die Hand nehme. Ich halte die Spitze an meine linke Seite. Dann konzentriere ich mich auf die Fähigkeit des Kristalls, meine Absicht zu stärken. Ich kann das, was ich tun will, schneller und leichter und klarer tun, wenn ich einen Kristall halte.«

Gwen Oaks sagt ebenfalls, daß die Absicht wichtig ist. »Ich habe gelernt, daß Kristalle nicht aus sich selbst heraus handeln. Sie können aber Ihre Absicht gewaltig verstärken. Es ist wichtig, eine klare Absicht zu haben, wenn Sie mit Kristallen arbeiten, ob Sie sie nun als Helfer bei Heilungen bei sich selbst und anderen benutzen, ob Sie sie programmieren oder ob Sie sie zu anderen Zwecken verwenden.«

»Der größte Teil der Arbeit mit Kristallen und der größte Teil der Ergebnisse besteht aus Aufrichtigkeit und einer klaren Absicht«, sagte Jac Morgan aus Alaska. »Ihre Kristalle reagieren, wie es Ihrem Glaubenssystem entspricht. Deshalb verstärken sie Ihre Absichten entsprechend Ihren Überzeugungen. Der Schlüssel besteht für mich darin, daß ich den Göttlichen Geist bitte, mich bei der Arbeit mit Kristallen zu führen; ich bitte darum, daß sie zum besten Nutzen aller Beteiligten verwendet werden.«

Mary Len Chavers warnt, daß es Konsequenzen haben kann, wenn die Absichten bei der Arbeit mit Kristallen nicht klar sind. »Da Kristalle Energie konzentrieren und bündeln, wird jede Negativität, die bewußt und absichtlich in einen Kristall gesteckt wird, vielfach verstärkt auf den Benutzer zurückfallen.«

Kristalle als Spiegel

Die Absicht kann viele Gesichter haben. So können Sie mit dem Herzen, dem Geist und Ihrem Gefühl für jemanden um Heilung beten, aber dann fällt Ihnen plötzlich ein, daß der Betreffende Sie vor zwei Jahren nicht zur Neujahrsfeier eingeladen hat. Ein rascher kleiner Gedanke wie: »Dieser selbstsüchtige, arrogante Kerl verdient es, krank zu sein«, huscht Ihnen nach dieser Erinnerung durch den Kopf. Sie fühlen sich deshalb schuldig und beten intensiver. Aller Wahrscheinlichkeit nach wird Ihr Gebet um Heilung stärker sein als der kurze negative Gedanke. Aber wenn Sie einen Kristall oder ein anderes Hilfsmittel benutzen, besteht immer die Möglichkeit, daß Ihre kurze Entgleisung verstärkt wird. Deshalb ist es so wichtig, bei der Arbeit mit Kristallen konzentriert und zentriert zu bleiben, und deshalb ist es auch gut, auf sie zu hören und sie nur mit Vorsicht einzusetzen.

Anders als die Menschen mit ihren widerstreitenden Ideen und Zielen haben Minerale ein eindimensionales Bewußtsein: Sie erschaffen Formen. Das bedeutet, daß ein Kristall, den Sie sich auswählen und der mit Ihnen arbeiten will, Ihren Gedanken wahrscheinlich eine strenge Form gibt. Folglich müssen Sie die Verantwortung für Ihre Gedanken, für den Kristall und für Ihre Absicht übernehmen. Wie mehrere Leute betont haben, bestehen die wichtigsten Lektionen, die sie von Kristallen gelernt haben, darin, die persönliche Verantwortung umfassender zu verstehen, und gerade nicht darin, sich ihr zu entziehen.

Michael Smith sagt: »Der Quarzkristall, der immer eins mit sich selbst und der Universellen Quelle ist, wirkt wie ein Spiegel Ihres Selbst oder Ihres Wesens. Ein Kristall ist ein Eichmaß für Ihre Ausgeglichenheit, und er ist, unabhängig von unserer Persönlichkeit, unseren Gedanken, Gefühlen und so weiter, immer mit der Schöpfung in Einklang.

Der größte Nutzen der Kristalle liegt im Wachstum unseres Bewußtseins und unserer Empfänglichkeit. Das ist so wichtig, weil wir alle an der Art und Weise teilhaben, wie der Große Geist oder der Universelle Schöpfer sich selbst erfährt. Wenn wir Kristalle für unsere eigene Entwicklung und unser Wachstum benutzen, expandiert auch dieser Ursprung. Dies ist ein allumfassender Prozeß der Expansion, des Selbstausdrucks und neuer schöpferischer Manifestationen des Ursprungs (oder Gottes, wenn Sie dieses Wort lieber mögen).

Kristalle sind die Lehrer, nicht ich. Die energetischen Informationen zeigen uns unmittelbar, daß unser Selbst, unser Wesen, genau wie der Kristall stets in innigem Einklang mit dem vollkommenen Gleichgewicht des Großen Geistes, des Schöpfers oder Ursprungs existiert. Unser Selbst war schon immer ein Teil dieses universellen Ursprungs, und es war immer mit ihm verbunden. Wir haben nichts weiter zu tun, als diese Realität zu genießen. Entspannen Sie sich, und seien Sie glücklich, spontan, verspielt, seien Sie selbst ein Schöpfer. Seien Sie achtsam, und Sie werden glücklich und in Frieden mit sich selbst und dem Ursprung leben.

Kristalle kennenzulernen heißt, sich selbst kennenzulernen. Bewußtsein für einen Kristall zu haben heißt, sich der fast unendlichen Anzahl von energetischen Verbindungen zur universellen Energie bewußt zu sein; es bedeutet, die Kanäle zu anderen Lebensformen – zu belebten und unbelebten – offenzuhalten, denn sie alle gehören dem allumfassenden Energiefeld der universellen Intelligenz an.

Es ist nötig, sich der unsichtbaren Energie bewußt zu sein, wenn man das Selbst, die Kristalle und alle anderen Formen der Schöpfung verstehen will. Diese Bewußtheit, gepaart mit Verständnis, beruht darauf, daß Sie sich selbst kennen und annehmen. Kristalle helfen nur, diesen Prozeß, der schon im Gange ist, zu beschleunigen. Man kann die universellen Energiekanäle in einem Splitthammer, einem Aschenbecher, einem Couchtisch oder einem Fernseher spüren, aber Kristalle machen einfach mehr Spaß, und es ist aufregender, mit ihnen zu spielen. Also spielen, genießen und lernen Sie.«

Dawn Silver lehrt: »Es gibt keine allgemeingültigen Regeln für den Umgang mit Kristallen. Der Zauber beginnt immer im Innern, und Kristalle nehmen diesen Zauber auf, verstärken ihn und senden unsere Energien aus. Wir hoffen und beten, daß diese Energien verstärkt in Form von friedlichen und liebevollen Gedanken durchs Universum ziehen.

Da es so viele verschiedene Lehren und Kristalltechniken gibt, die sich scheinbar sogar widersprechen, liegt es nahe, daß Sie mit denen arbeiten, zu denen Sie sich hingezogen fühlen; Ihr Gefühl ist wichtiger als die Methode. Bleiben Sie im Licht des Geistes, das nie verlöscht.«

Carol Glover fügt hinzu: »Es ist wichtig, mit dem Licht zu arbeiten, mit dem endlosen und formlosen Licht. Gedanken geben dem Licht eine Gestalt und einen Umriß. Mit der Spitze eines Kristalls können Sie das Licht bündeln und verstärken. Es gibt nichts Mächtigeres als das Licht.«

Anita Moloney glaubt, daß wir nicht die Erfahrung vergessen dürfen, die die Kristalle mit der Dunkelheit gemacht haben.

»In der heutigen Literatur wird viel darüber gesagt, daß Kristalle eine ›Lichtsaat‹ seien. Dabei wird anscheinend vergessen oder übersehen, daß die Kristalle mehrere hundert Millionen Jahre lang im Dunkeln wuchsen und lebten. Hier auf der Erde kennen wir Tag und Nacht, Hell und Dunkel, Stille und Geräusch, Berge und Täler. Wir erfahren das eine durch das andere. Ich fordere die Leute oft auf, sich daran zu erinnern, daß der Geburtsort der Kristalle die Dunkelheit in den Tiefen unserer Mutter Erde war. Und ich fordere sie auf, sich von den Kristallen die eigenen dunklen Orte enthüllen zu lassen. Denn in dem Maße, wie wir unsere Schatten verleugnen, schmälern wir auch unsere Fähigkeit, das Licht zu tragen. Wenn Sie mit Kristallen arbeiten, haben Sie die Chance, das Licht zu empfangen und das Dunkel zu akzeptieren. Dies wird Ihnen helfen, im Gleichgewicht zu bleiben.

Kristalle sind wie Wasser eine natürliche Reflexion unserer selbst. Genau wie Sie in einem See Ihr äußeres Spiegelbild sehen können, sind Sie in der Lage, in einem Kristall Ihr inneres Spiegelbild zu erblicken.

Kristalle sind fähig, der Menschheit heute auf vielerlei Arten zu helfen. Sie könnten in der Zukunft sogar noch wichtigere Helfer werden.«

»Ich habe Menschen und Bücher gesehen, die meinten, sie könnten alle Fragen über Quarzkristalle beantworten. Ich glaube, manche dieser Menschen und Bücher könnten – für unser Verständnis und unseren Entwicklungsstand auf diesem Planeten und zu dieser Zeit – sogar richtigliegen«, sagt Jonathan Goldman. »Aber ich bin sicher, daß die Zukunft noch viele Überraschungen für uns bereithält, darunter zweifellos auch die, daß meine Annahme, Kristalle verhielten sich dem Glauben entsprechend, nur begrenzt wahr ist.

Trotz aller neuen, aufregenden Informationen, die wir heute über Kristalle bekommen, glaube ich, daß wir, was unser Verständnis und die Arbeit mit Kristallen angeht, noch in den Kinderschuhen stecken. Vielleicht sind wir in der Beziehung zu Kristallen noch nicht einmal über das embryonische Stadium hinaus.«

Jac Morgan glaubt, daß sich die Kristalle entwickeln, wenn wir uns entwickeln. »Es besteht eine Beziehung zum Bewußtsein der Öffentlichkeit, und je mehr wir lernen, unsere Beschränkungen loszulassen, desto mehr können die Kristalle für uns tun.«

Gwen Oaks stimmt ihm zu und sagt: »Obwohl ich intensiv mit Kristallen gearbeitet und viel gelernt habe, glaube ich, daß ich gerade erst die Oberfläche des Wissens, das man von ihnen lernen, und der Kräfte, die die Arbeit mit ihnen freisetzen kann, angekratzt habe.«

Einige Menschen, die mit Kristallen arbeiten, haben konkretere Vorstellungen von der Zukunft. Amylee hat zum Beispiel große Herkimer-Kristalle, die sie selbst aus der Mine holte, an viele Medizinleute auf der ganzen Welt weitergegeben, um ein telepathisches Telefonnetz aufzubauen. »Ich glaube, daß die Steine sich, wenn ich

Großmutter bin, zu einem Netz verbunden haben werden«, sagt sie.

Amylee erwähnt auch den Kristallschädel; sie meint, daß Kristalle eine Art »Computer« für die Menschheit seien, die uns auf dem rechten Weg halten und uns im richtigen Augenblick die richtigen Informationen geben können. »Deshalb kommt dieser Schädel jetzt in den Vordergrund. Die Zeit ist nahe.«

Carol Glover sagt, daß sie einem kleinen Kristall mit einem Dreieck auf der Seitenfläche zuhört (das bedeutet, daß er Informationen birgt). Der Kristall sagte ihr, daß die Entwicklung der Atomkraft auf der Erde nie vorgesehen war. »Die Sonne besitzt die Atomkraft«, sagte der Kristall zu Carol, »aber die Entfernung zwischen der Sonne und der Erde ist so groß, daß sich die schädliche Atomstrahlung verliert, so daß nukleare Explosionen auf der Sonne der Erde nicht schaden.«

Der Kristall erklärte ihr, daß die Sonnenenergie die Energie der Zukunft sei, und man sollte erforschen, ob die Sonnenenergie in Kristallen gespeichert werden könne. Carol glaubt nicht, daß uns die Energie ausgeht; vielmehr verschwenden wir, was wir haben. Sie glaubt, daß Sonnenenergie, die in Kristallen gespeichert wird, zur Beleuchtung und für Fahrzeuge benutzt werden könnte.

Wenn man sich überlegt, für wie viele Funktionen die Kristalle in vergangenen Kulturen benutzt wurden, ist es nur logisch anzunehmen, daß sie mit den Menschen in Bereichen arbeiten können, die wir uns heute erst in Visionen oder Träumen vorzustellen vermögen. Wenn wir sie als lebendige, sich entwickelnde Bestandteile des Schöpfungsplans achten, finden wir vielleicht einige ihrer Geheimnisse heraus. Der Ausdruck unserer Achtung gelingt uns heutzutage meist nicht sehr gut. Ein Grund dafür ist, wie bereits angedeutet, die Neigung unserer Kultur, alles zu trivialisieren.

Colleen Kelly sagt:

»Wir glauben, daß einige Behauptungen, die über Kristalle aufgestellt werden, ihre wirklichen Kräfte und Fähigkeiten verschleiern und verniedlichen. Ich habe viele Male gehört, wie Sun Bear sagte: ›Wenn du mit deiner Medizin keinen Mais wachsen lassen kannst, dann will ich nichts von ihr wissen.‹ Wir glauben, das gilt auch für

Kristalle. Wir glauben, die Leute sollten fragen: ›Welche Auswirkung hat die Arbeit mit Kristallen auf unser eigenes Leben?‹

Neben dieser Trivialisierung, die ein Ergebnis unserer ›Instant‹-Kultur ist, besteht die Gefahr, daß wir uns nicht wirklich Zeit lassen, um den Kristallwesen aufmerksam zu lauschen und von ihnen zu lernen. Denken Sie an die strenge Lehrzeit, die ein traditioneller Schamane durchmachen muß!«

Colleen macht sich Sorgen um die Trivialisierung der Kristalle, aber das ist nicht ihre einzige Sorge. »Da immer mehr Leute Kristalle haben wollen und sich so etwas wie eine Konsumhaltung entwickelt, habe ich Angst, daß eine Folge dieser Beliebtheit nur eine neue Ausbeutung der Mutter Erde bedeutet. Dieser Gedanke ist sehr wichtig, weil die meisten Minen große Zerstörungen anrichten.«

Kristalle wachsen im Schoß der Erde. Um sie herauszuholen, benutzen die meisten Bergwerke entweder große Maschinen, Sprengstoff oder beides. Wabun, die vor einigen Jahren, noch bevor das Kristallfieber ausbrach, in einer der größten Minen in Arkansas war, berichtet, daß die Landschaft um die Mine in keiner Weise wiederhergestellt war, und die Energie um das Bergwerk war nicht voller Liebe, Achtung oder Wohlwollen für die Minerale. Es war deprimierend und zehrte zugleich an den Nerven, als sie sah, wie all die Kristalle kunterbunt durcheinanderlagen.

Sheila Mulligan aus Los Angeles besitzt Anteile an Kristallminen in der Nähe vom Lake Tahoe. Auch sie macht sich Sorgen über die Folgen des Bergbaus und hält, seit sie die Anteile besitzt, Zeremonien auf dem Land ab. Sie will damit weitermachen, und sie will nur empfindsame Menschen beim Abbau der Kristalle mitarbeiten lassen. Die Art, wie der Kristall aus der Erde geholt wird, beeinflußt nicht nur seine Schwingungen und sein Potential, sondern auch seine physische Form.

Dawn Silver sagt:

»Eines Tages, als ich einen meiner Lieblingskristalle bewunderte, es war ein aufrechtstehender Kristall aus Arkansas mit einem fallenden Engelsflügel auf der linken Schulter, erinnerte ich mich daran, daß ich ihn von einem Mann gekauft hatte, der die Steine mit der

Hand abbaute. Vielleicht ist der Flügel deshalb heil geblieben. Leute, die mit den Händen arbeiten, sind meist vorsichtiger. Ich glaube, manche Leute sind ziemlich gierig. Sie nehmen sich nicht einmal die Zeit, neue Bäume anzupflanzen. Ich bin dankbar, daß die Bergleute, mit denen ich zu tun habe, die Natur sehr achten. Sie geben der Erde ihren Segen und ihre Dankbarkeit zum Ausgleich.«

»Ich wurde neugierig und suchte ihn auf. Als ich sein Zimmer betrat, sah ich sechzig der schönsten Kristalle, die ich je gesehen hatte. In ihnen tanzten Geister, die atlantischen Pyramiden spiegelten sich in ihren strahlenden Flächen; und doch wurde ich sehr traurig. Sie waren ›Sammlerstücke‹. Sie berührten sich nicht, sie waren einander nicht einmal nahe; sie waren ›wirkungsvoll ausgestellt‹. Ich fluchte über schlechte Informationen und Marotten. Wußte er denn nicht, daß Kristalle mehr sind als eine Mode? Ich betete, daß die Kristalle ihr Werk tun und einen Weg zu den Menschen finden würden, die sie besser benutzen konnten.«

Eine von Reeds Lieblingsgeschichten über den metaphysischen Charakter von Kristallen stammt von ihrem Freund T. K. Newcomb, der ihr von einem häufig wiederkehrenden Traum erzählte. In diesem Traum sieht er sich immer wieder auf einem großen Planeten, dessen lebendige Kristalle mit Licht genährt werden. »Das ist der einzige Ort, den ich kenne, an dem kein Wesen sterben muß, um einem anderen das Leben zu ermöglichen. Kristalle erhalten ihr Leben aus dem Licht, nicht aus dem Tod.«

Reed meint, daß der Ursprung der Kristalle und ihre Reise ans Licht ein Gleichnis für die Reise sei, die wir alle machen. Kristalle beinhalten alle Elemente – Feuer, Luft, Wasser und Erde – und sind deshalb ausgezeichnete Mittler für die Kommunikation zwischen den Königreichen der Erde. Sie sind Symbole der gesamten physischen Realität. Ihr Ort auf der Erdoberfläche, am Horizont – dort, wo die Erde dem Himmel begegnet – symbolisiert ihre metaphysische Realität als Kommunikationsmedien zwischen den Reichen.

In ihrer Balance am Horizont gehören sie zugleich zur physischen Realität unseres Lebens und zum spirituellen Aspekt unserer umfassenderen Zugehörigkeit. Der Horizont ist der Außenrand des Erdkreises. Dieser Kreis ist Teil der heiligen Spirale des Lebens.

Er erinnert uns daran, daß sich alle Lebewesen ständig weiterentwickeln. Keine Energie bleibt ewig in der gleichen Form. Alles macht stetig, wenn auch nicht immer offensichtlich, Veränderungen durch. Das Gesetz des Lebens ist die Veränderung, und das Symbol dieses Prinzips ist die Spirale, deren Linien sich immer weiter nach außen bewegen. Eine Spirale kann als Abwärts- oder Aufwärtsbewegung gesehen werden, aber sie kann sich in keine Richtung bewegen, ohne sich zuerst auszudehnen. Alles expandiert, bevor es sich nach oben oder unten bewegt. Alles Leben, jede Arbeit, jeder Gedanke ist Energie, die sich nach außen bewegt. Alles erweitert sich, bevor es sich nach oben oder unten bewegt. Sogar die Kontraktion ist der Anfang einer neuen Expansion – die Verdichtung einer Situation oder eines Wesens, die der Expansion vorausgeht. Alles Leben ist Expansion und Bewegung. Dies ist die Botschaft der heiligen Spirale. Kristalle, die am Horizont zwischen dem Hier und dem Dort in Balance sind, symbolisieren die physische Essenz des Lebens und der Elemente und das Naturgesetz der ewigen Veränderung.

Und sie sind wundervolle Abgesandte der Mutter Erde, des nährenden Wesens, das uns das Leben schenkt. Mögen Sie die Kristalle, wenn Sie mit ihnen arbeiten und ihre Gegenwart genießen, immer an die Erde und Ihre Verbindung zu ihr erinnern.

Mitarbeiter bei »Die Macht der heiligen Steine«

Amylee stammt von irokesischen Medizinfrauen ab. Sie ist die letzte der Linie. Sie ist initiiert, aber noch keine Medizinfrau. Sie lehrt auf Turtle Island die Lebensart ihres Volkes, und sie lehrt über Frauen und ihre heiligen Zyklen, über Kristalle und die anderen Angehörigen des Mineralreiches. Sie ist ausgebildete Handwerkerin und Beraterin.

Mary Bogan ist Direktorin von Mercedes Tours; diese Firma ermöglicht ausgesuchten kleinen Studiengruppen Fahrten zur Halbinsel Yucatan, auf denen die Lebensart indianischer Völker erforscht wird. Sie ist Sun Bears Schülerin.

Judith Truthstone Brigham ist leitende Direktorin des ReVitalization Centers in der Nähe von Philadelphia. Das Zentrum bietet Veranstaltungen zu ganzheitlicher Lebensweise, zur Bildung und Körperarbeit an. Judith selbst lehrt über Kristalle, Frauen, Beziehungen zwischen Männern und Frauen, Streßbewältigung und die Techniken amerikanischer Indianer für Gesundheit und für den Umgang mit persönlichen Energien und den Energien in einer Gruppe. Sie ist Sun Bears Schülerin. Sie ist Autorin zahlreicher Artikel und hat bei mehreren Anthologien mitgearbeitet.

Page Bright Bear Woman Bryant ist ein international bekanntes Medium, sie hält Vorträge, ist Autorin und hat im Rundfunk gearbeitet. Seit siebzehn Jahren erhält sie Lehren von einem interdimensionalen Wesen mit Namen Albion.

Tess Carbajal hat eine Praxis, in der sie mit holistischen Therapien arbeitet. Sie hat ihre Ausbildung bei der International Academy of Clinical Acupuncture in Kansas City gemacht und versucht seit acht Jahren, sich auf den indianischen Aspekt ihres Wesens einzustimmen. Dabei hat sie auch begonnen, mit Kristallen zu arbeiten.

Mary Len Chavers ist Sozialarbeiterin. Sie interessiert sich schon seit langem für das ganzheitliche Heilen von Menschen, der Erde und der Gesellschaft. Im Augenblick studiert sie das Leben selbst und will etwas über ihren spirituellen Weg erfahren. Sie berücksichtigt dabei besonders die Lebensart der amerikanischen Indianer.

Becca Costello arbeitet bei Light in Motion Crystals.

John Elmer arbeitet mit der Neuromuskulärtherapie, Reflexzonen und mit Kristallen.

Carol Glover ist schamanische Heilerin. In einem veränderten Bewußtseinszustand erspürt sie Energiemuster und identifiziert die problematischen Bereiche unter Anleitung des höheren Selbst und spiritueller Lehrer. Mit Hilfe einer ganzen Reihe machtvoller Werkzeuge der Erde kann sie Blockaden auflösen, Muster verändern und auf allen Ebenen heilen. Sie arbeitet mit Kristallen, Edelsteinen, Rasseln, Trommeln, Federn, dem Atem und kanalisierter Energie, um dem physischen, emotionalen, mentalen und spirituellen Körper zu helfen. Transformationen machen verletzlich, und Carol bietet Schutz und Anleitung an, damit die Betroffenen sich selbst heilen können. Carol leitet Workshops über das Heilen mit Kristallen.

Jonathan S. Goldman ist Gründungsdirektor und Präsident der New England Sound Healers, Inc. (NESH), einer gemeinnützigen Organisation, die es sich zur Aufgabe gemacht hat, den Einsatz von Musik für das Wohlbefinden zu erforschen und zu lehren. Als Präsident von Spirit Music, Inc. produziert Jonathan Aufnahmen, die der Meditation und der Selbsttransformation dienen. Er ist Autor und gibt Workshops über Kristall-Resonanzen, bei denen der Zusammenhang zwischen Kristallen und Schall und die Technik des Kristallsingens behandelt werden.

Colleen Kelly und *Robert Ott* arbeiten im Augenblick an einem öffentlich geförderten Forschungsvorhaben über heilige und zeremonielle Künste und ihre Beziehung zur Erde. Sie sind Autoren, Lehrer, Künstler und Zeremonienleiter. Ihre größte Aufmerksamkeit gilt dem heutigen Angriff auf das Leben auf unserem Planeten; sie versuchen, das Bewußtsein über die Geschehnisse zu vertiefen und kooperative Lösungen zu finden, um das Leiden zu lindern und die Verletzungen zu heilen.

Carol Thomas-Klausner hat im In- und Ausland zahlreiche Vorträge gehalten; sie beschäftigt sich seit mehr als zehn Jahren mit der Anwendung des Wissens über Kristalle bei praktischen und schöpferischen Wachstumsprozessen.

Mahad'yuni ist die verstorbene Evelyn Eaton. Ihre Gedanken und ihre Erfahrung mit Kristallen, mit der Pfeife und anderen Heilwerkzeugen hat sie in mehreren Büchern festgehalten.

Anita Moloney ist ganzheitliche Heilerin und Lehrerin. Sie arbeitet seit vielen Jahren mit Kristallen und anderen Energiebalancierungsmethoden. Sie hat die Lebensart der Indianer studiert und ist Sun Bears Schülerin. Sie importiert und vertreibt Kristall, um die persönliche und planetarische Heilung zu fördern.

Alan Morvay ist seit fünf Jahren Direktor des Joy Lake Mountain Seminar Center. Er hat die Ausbildung am Joy Lake Masters Program, einem dreiwöchigen Kurs in Kristallheilung, abgeschlossen.

Sheila (Crysalis) Mulligan ist Sun Bears Schülerin, eine Pfeifenfrau und Gründerin des Nurture Nature Program. Sie beschäftigt sich mit Umweltschutz und Artenerhaltung. Sheila unterstützt Expeditionen, die Kristalle schürfen, und hat auch selbst Kristalle abgebaut, erforscht und das Wissen über sie veröffentlicht. Sie organisiert Programme und Veranstaltungen. Im Augenblick arbeitet sie mit Sun Bear und Wabun an einem Buch über Gesundheit und ein balanciertes Leben.

Gwen Oaks ist Studentin ganzheitlicher Heilmethoden und lehrt über Kristallbewußtsein. Sie hält regelmäßig Workshops über Kristalltherapien ab. Sie ist Sun Bears Schülerin und Direktorin des Earth Awareness Workshops beim Bear Tribe und Autorin.

Cathy Roczika arbeitet bei Crystal Pocket, Cleveland, Ohio.

Shawnodese ist einer von Sun Bears Medizinhelfern, ehemaliger Leiter des Ausbildungsprogramms und hat im In- und Ausland Vorträge gehalten. Er arbeitet seit Ende 1960 mit Kristallen, Träumen und ganzheitlichen Therapien.

Dawn Silver ist ganzheitliche Heilerin, die das Chicago National College of Naprapathy abgeschlossen hat. Sie vertreibt Kristalle, Bücher, Bänder, Karten, Räuchermaterial und Naturkosmetik, die ohne Tierversuche hergestellt wurde.

Michael G. Smith ist unter dem Zeichen der Fische geboren; zu seinen Vorfahren zählen Engländer, Iren, Cheyenne, Deutsche, Franzosen und Cherokee. Er wuchs in einer konservativen Umgebung auf einer Farm in Kansas auf. Früher war er Mitglied des Bear Tribe und ist Geistheiler. Er hat den Kristall-Kraftstab und andere Hilfsmittel wiederentdeckt, die schon in Atlantis benutzt wurden.

Sun Bear ist Gründer und Medizin-Häuptling vom Bear Tribe, einer Gesellschaft von Lehrern, die das Ziel haben, mit der Erde und allen auf ihr lebenden Wesen in Einklang zu leben. Sun Bear hält im In- und Ausland Vorträge und Workshops, er ist Herausgeber vom *Wildfire Magazine* und Autor von mehreren Büchern: Zusammen mit Wabun hat er *Das Medizinrad: Eine Astrologie der Erde* und *Der Pfad der Kraft* geschrieben, Nimimosha half ihm bei *Leben mit der Kraft*.

Laura West ist examinierte Krankenschwester mit sechzehnjähriger Erfahrung in der Geburtshilfe und bei der Versorgung von Kleinkindern und Sterbenden. Im Augenblick hat sie eine eigene Praxis, in der sie zahlreiche ganzheitliche Heilmethoden einsetzt, um den Leuten zu helfen, eine größtmögliche Gesundheit zu erlangen.

Glossar

Begriffe aus der Arbeit mit Kristallen sind mit (K) gekennzeichnet; aus dem Okkultismus mit (O); aus der New Age-Bewegung mit (NA); aus Heilungstechniken mit (H); aus indianischen Kulturen mit (I).

Abraum (K): Begriff aus dem Bergbau, der die Reste bezeichnet, die zurückbleiben, nachdem das gesuchte Material extrahiert wurde.

Ätherkörper (O, NA): der feine, empfindliche, masselose Energiekörper, der den physischen Körper aller Lebewesen umschließt und der eng mit ihm verflochten ist.

Akupunktur (H): eine alte chinesische Heilmethode, die heute noch praktiziert wird. Dabei werden Nadeln in gewisse Punkte des Körpers gestochen (Meridianpunkte), um den Energiefluß im Körper zu verändern. Die Veränderung der Energie kann bestimmte Organe heilen oder entspannen. Eine neuere Form dieser Therapie, bei der auf die Punkte ein Druck ausgeübt wird, heißt Akupressur.

Allopathie (H): die heute in westlichen Ländern überwiegend praktizierte Form der Medizin, bei der die Symptome einer Krankheit meist mit Medikamenten oder Operationen behandelt werden.

Alternatives Heilen (H): jede Heilmethode, die den ganzen Menschen und nicht die Symptome, sondern die Ursachen der

Krankheiten behandelt. Dazu gehören auch Akupunktur und Kristalltherapie, Massage und Energietherapien. Synonym: ganzheitliches Heilen.

Amethyst (K): kristalliner Quarz, rosa bis lila oder dunkelpurpur gefärbt.

Astralreise (O, NA): Reise, die der Geist eines Menschen in Reiche außerhalb der physischen Realität unternimmt, oft im Schlaf.

Astrologie (O, NA): altes System der Weissagung und Lebensweisheit, das auf den Positionen von Sternen und Planeten beruht. Ausgangsbasis ist das Geburtshoroskop, d. h. der Stand der Planeten zum Zeitpunkt der Geburt; die Beziehungen der laufenden Planeten zu den Planeten im Geburtshoroskop verändern sich, und so bilden sich neue Aspekte.

Atlantis (O, NA): ein alter Kontinent, der früher im Atlantischen Ozean lag und untergegangen ist. Atlantis wird von der Wissenschaft für eine Legende gehalten, obwohl überall auf der Welt Mythen gefunden werden, die mit seiner Existenz zusammenhängen.

Aura (O, NA): das empfindliche Energiefeld, das alle Lebewesen umgibt. Manche Menschen sehen die Aura als Farben, die von Lebewesen ausstrahlen. Seit einiger Zeit kann die Aura durch ein Verfahren, das Kirlian-Photographie heißt, aufgenommen werden.

Auslösekristall (K): ein einendiger Kristall, an dessen Seite in der Nähe der Basis ein zweiter, kleinerer Kristall angewachsen ist. Der kleinere Kristall dient als Auslöser, der, wenn er gedrückt wird, die Energie verstärkt, die der größere Kristall abstrahlt.

automatisches Schreiben (O): Schreibvorgang, bei dem Botschaften von Geistern übermittelt werden. In manchen Fällen weiß der Schreiber beim Schreiben nicht, was er notiert.

Ayurvedische Medizin (H): eine alte indische Heilmethode. In Sanskrit bedeutet das Wort ayurveda »Die Wissenschaft vom Leben«.

Bach-Blütentherapie (H, NA): Eine Heilmethode, die auf der Benutzung von Blütenessenzen in homöopathischen Zubereitungen beruht. Sie behandelt die Ursache der Krankheit. Dieses System wurde von Dr. Bach in England entwickelt, der glaubte, Krankheiten entstünden durch Störungen im emotionalen oder Ätherkörper.

Balancieren (H, NA): die Wiederherstellung der Harmonie zwischen dualistischen oder unstimmigen Aspekten eines Energiefeldes, wodurch ein Gleichgewicht geschaffen wird, das Gesundheit und Kraft fördert.

Bioenergie (H, NA): pulsierende Energie, die alle Lebewesen durchdringt. Diese Kraft wird auch »Chi«, »Prana«, »Heilige Energie« und »Orgonenergie« genannt.

Bleikristall (K): eine Glasart, die Kristallen nachgebildet ist. Sie wird häufig zur Herstellung von Kristallglas, lichtbrechendem Schmuck und Wandschmuck benutzt.

Chakras (H, O, NA): die Zentren der feinen, ätherischen Energien, die den physischen Körper durchdringen. Der Begriff, der aus dem Sanskrit stammt, war ursprünglich mit der Hindu-Religion verbunden und bedeutet wörtlich »Rad«. Der menschliche Körper hat sieben Hauptchakras. Es gibt einige Unterschiede in der Benennung; die verbreitetsten Bezeichnungen sind: (1) Wurzelchakra [Basis der Wirbelsäule], (2) Sexualchakra [unterer Bauchraum], (3) Solarplexus [in Höhe des Zwerchfells], (4) Herzchakra [Herzgegend], (5) Kehlkopfchakra [Grube zwischen Schlüsselbeinen, Brustbein und Hals], (6) Stirnchakra [Mitte der Stirn, wird oft »Drittes Auge« genannt], (7) Krönungschakra [ein Stückchen über der »weichen Stelle« oben auf dem Kopf].

Channel (O, NA): ein Mensch, der Informationen von Wesen empfängt, die nicht der physischen Welt angehören. Sie werden oft »interdimensionale Wesen«, »Geistwesen« oder »Wesenheiten« genannt. Das Channeling ähnelt der Arbeit eines Mediums, der Betreffende gibt jedoch vorübergehend seinen Körper auf, um sich von der körperlosen Intelligenz übernehmen zu lassen. Der Betreffende ist nicht in Trance, während das andere Wesen durch ihn spricht oder handelt, sondern sein Bewußtsein ist für die Dauer des Besuchs vom Körper zurückgezogen.

Chi (H, NA): chinesisches Wort mit der Bedeutung »Lebensenergie«.

Citrin (K): eine kristalline Gesteinsart, meist gelb bis goldgelb gefärbt.

deosil (O): Wicca-Wort für eine Bewegungsrichtung im Uhrzeigersinn.

Deva (O, NA): ein Naturgeist, der mit einem oder mehreren physisch existierenden Wesen in Verbindung steht.

Divination (O): die Weissagung von Ereignissen, die auf der physischen Ebene geschehen können. Dabei werden Methoden benutzt, die über die gewöhnlichen Sinne hinausgehen.

Einschlüsse (K): jede Substanz außer Rutilen, die sich im Innern eines Kristalls befindet, ohne in die Kristallstruktur integriert zu sein. Es kann sich dabei um Wasser, Silizium und Sauerstoff oder andere Minerale handeln.

Endpunkt (K): die Stelle, an welcher die Seitenflächen eines Kristalls zu einer Spitze zusammenlaufen. Ein einendiger Kristall hat eine Spitze und eine Basis. Ein doppelendiger Kristall hat zwei Endpunkte und keine Basis.

Energie (H, O, I, NA): die formlose, subatomische, ursprüngliche Essenz, die die gesamte Schöpfung durchdringt. Aus dieser Urenergie entstehen alle Sekundärenergien wie Schwerkraft, Elektrizität und Magnetismus. Diese Energie schöpft und erfüllt alle nachgeordneten Formen.

Energiebalancierung (H, NA): ein Vorgang, bei dem die verschiedenen feinen Energien in einem System, einem Menschen oder einer Struktur harmonisiert werden, um auf allen Ebenen des Seins eine optimale Gesundheit hervorzubringen.

Erdastrologie (O, NA): ein System zum Verständnis des Lebens, das auf der Medizinrad-Vision Sun Bears beruht. In diesem System bestimmt die Geburtszeit zunächst die Totems im Mineral-, Pflanzen- und Tierreich, doch diese Totems verändern sich, wenn die Reise um das Medizinrad fortschreitet. Die Totems sind:

– Quarz/Birke/Schneegans (22. Dez.–19. Jan.)
– Silber/Zitterpappel/Otter (20. Jan.–18. Feb.)
– Türkis/Wegerich/Puma (19. Feb.–20. Mrz.)
– Feueropal/Löwenzahn/Roter Habicht (21. Mrz.–19. Apr.)
– Chrysokoll/Blaue Camass/Biber (20. Apr.–20. Mai)
– Moosachat/Scharfgarbe/Hirsch (21. Mai–20. Jun.)
– Karneol/Heckenrose/Specht (21. Jun.–22. Jul.)
– Granat und Eisen/Himbeere/Stör (23. Jul.–22. Aug.)
– Amethyst/Veilchen/Braunbär (23. Aug.–22. Sep.)
– Jaspis und Heliotrop/Königskerze/Rabe (23. Sep.–23. Okt.)
– Kupfer und Malachit/Distel/Schlange (24. Okt.–21. Nov.)
– Obsidian/Schwarzfichte/Wapiti (22. Nov.–21. Dez.)

Die Erdastrologie beruht auf den Veränderungen der Jahreszeiten auf der Erde, während die babylonische Astrologie auf das äußere Reich, auf die Planeten, Bezug nimmt. Vom Raben und der Schlange abgesehen, die um einen Tag vom babylonischen System abweichen, entsprechen die Daten denen des Tierkreises.

Erdungsstein (O, K, NA): ein Stein, der gewöhnlich Eisen enthält und dem Benutzer hilft, seine Energie mit der physischen Ebene in Verbindung zu bringen.

Fluorit (K): ein würfelähnlicher Kristall, dessen Farbgebung zwischen Lavendel und tiefem Purpur schwankt.

Flüssigkristall (K): eine Lösung, die bei Energiezufuhr kristallisiert. Flüssigkristalle werden für Computeranzeigen und Digitaluhren benutzt.

Ganzheitliches Heilen (H): jede Heilmethode, die den ganzen Menschen und die Ursachen der Erkrankung statt der Symptome behandelt. Synonym zu alternativem Heilen.

Geistwesen (I): Wesen und Kräfte, die jenseits der physischen Existenzebene leben. Es können Verstorbene sein oder Naturkräfte, die schon immer existierten, oder Elementarkräfte wie der Donner.

Großmutter (NA): ein Begriff, mit dem die Achtung vor einer älteren Frau zum Ausdruck gebracht wird, häufig eine Lehrerin oder

Medizinfrau, die nicht unbedingt mit dem verwandt sein muß, der die Anrede benutzt.

Großvater (NA): ein Begriff, mit dem die Achtung vor einem älteren Mann zum Ausdruck gebracht wird, häufig ein Lehrer oder Medizinmann, der nicht unbedingt mit dem verwandt sein muß, der die Anrede benutzt.

Heilige Energie (I): die Lebenskraft, die in allem ist und die alles umgibt.

Hellsehen (O): die Fähigkeit, Dinge wahrzunehmen, die mit den gewöhnlichen Sinnen nicht faßbar sind.

Herkimer-Diamant (K): ein natürlicher, außergewöhnlich klarer, doppelendiger Quarzkristall. Diese Kristallart wird nur im Herkimer County im Norden des Staates New York gefunden.

Homöopathie (H): eine alternative Heilmethode, bei der winzige Mengen natürlicher Substanzen eingesetzt werden, um die natürlichen Abwehrkräfte des Körpers zu aktivieren.

Interdimensionale Wesen (NA): körperlose Wesen, die anderen Existenzebenen angehören, die aber auf der Erde lehren, indem sie einen oder mehrere Menschen als Mittler benutzen.

Kinesiologie (H, NA): das Studium menschlicher Bewegungen unter Berücksichtigung mechanischer und anatomischer Prinzipien. Oft als Diagnosemethode verstanden, bei welcher die Wirkung von Substanzen oder Behandlungsmethoden auf einen Menschen gemessen wird, indem seine relative Muskelkraft nach Einnahme der Substanz oder nach der Behandlung geprüft wird.

Kopal (I): Baumharz, das in mittel- oder südamerikanischen Kulturen oft zum Räuchern benutzt wird.

Koven (O, NA): eine Gruppe von Menschen, die sich zu Zeremonien zusammenfinden. Die Zeremonien stammen häufig aus den Wicca-Kulten oder Erdreligionen Europas.

Königreiche (I): die verschiedenen Abschnitte des Lebenskreises. Indianer sprechen gewöhnlich von vier Königreichen: das der

Elementarwesen, das der Pflanzen, das der Tiere und das der Menschen.

Kreis des Lebens (I): Alle Schöpfung ist miteinander verflochten. Dies schließt Elemente ein, Pflanzen, Tiere, Menschen, Geistwesen, Planeten, Sterne und die Energie, die alle verbindet.

Kristall (K): ein Mineral, das sich durch die Verfestigung eines chemischen Elementes, einer Verbindung oder Mischung unter entsprechenden Bedingungen gebildet hat. Kristalle besitzen eine dreidimensionale Atom- oder Molekülstruktur. Die Atome und Außenflächen sind geometrisch angeordnet und aufgebaut. Das Wort wird auch für fast durchsichtigen Quarz oder andere Gegenstände benutzt, die einem Kristall ähneln. In diesem Buch meinen wir, soweit es nicht ausdrücklich anders vorgegeben ist, mit dem Wort *Kristall* sechsseitige Quarzkristalle.

Kristall-Kraftstab (K): ein gewickelter Kupferstab mit einem Kristall am Ende. Dieses Gerät soll in Atlantis benutzt worden sein.

kristallin (K): ein Mineral, dessen innere Atomstruktur der von Quarzkristallen entspricht, das jedoch keine geometrisch angeordneten Außenflächen besitzt. Rosenquarz ist ein Beispiel dafür.

kristallisiert (K): etwas, das wie ein Kristall geformt oder mit Kristallen bedeckt ist.

Kristallkugel (K): eine Kugel, die aus Naturkristall besteht. Das Wort bezeichnet auch eine Glaskugel, wie sie gewöhnlich von Wahrsagerinnen benutzt wird.

Kristallographie (K): die Wissenschaft von der Klassifizierung von Kristallen; die Steine werden nach Form, Struktur und Bindungsart unterschieden.

Kristallschädel (K, O, NA): aus Quarz geschnittene Schädel, die in verschiedenen Kulturen, vor allem in Südamerika, bekannt waren. Sie werden als Gegenstände betrachtet, die große Kraft besitzen.

Kristallsehen (O, NA): Methode zur Weissagung oder Wahrnehmung von Dingen, die außerhalb der physischen Existenz liegen, indem ein Werkzeug, etwa ein Kristall oder eine Kristallkugel, Wasser, Feuer oder Asche zu Hilfe genommen wird.

kryptokristalliner Quarz (K): Steine mit mineralischen Anteilen, die sich teilweise zu Kristallen ausgebildet haben, in denen daneben jedoch nicht kristallisiertes Mineral vorkommt. Achat ist ein Beispiel dafür.

Kundalini (O, H): Yogawort für eine mächtige Konzentration der Lebensenergie, die im Wurzelchakra als Schlangenfeuer zusammengerollt ruht. Wenn wir spirituelle Bewußtheit erlangen, bewegt sich diese Kraft die Wirbelsäule hinauf und öffnet und belebt nacheinander alle Chakras.

Lebensenergie (H, O, NA): die Urkraft, die alle Lebewesen besitzen.

Magma (K): glutflüssige Kernsubstanz der Erde, die nach dem Erkalten zu Eruptivgestein wird.

Magnetismus (K): eine Kraft, die lebende Dinge entweder zusammenzieht oder auseinanderstößt. Sie beruht auf den elektrischen Eigenschaften der Atome. Es gibt drei Arten von Magnetismus, die auf Minerale einwirken können: (1) Diamagnetismus: Minerale, die sowohl den Nord- als auch den Südpol von Magneten abstoßen; (2) Ferromagnetismus: Minerale oder Steine, die andere Minerale anziehen können. Eisen ist ferromagnetisch. Dabei zieht der Nordpol den Südpol an; (3) Paramagnetismus: Die Eigenschaften entsprechen denen der ferromagnetischen Stoffe, doch die Feldstärke ist geringer. Holz ist paramagnetisch.

Mantra (O, NA): ein häufig wiederholtes Wort oder Melodiestück, das gewöhnlich als Hilfe bei einer Meditation benutzt wird.

Matrix (K): das natürliche Material, in dem ein Kristall, ein Edelstein, ein Metall oder ein Fossil entstanden oder enthalten ist.

Meditation (O, NA): ein kontemplativer Vorgang, bei dem der Geist in einen Zustand der Stille versetzt wird, damit das Wesen des Meditierenden die heilige Energie berühren und aufnehmen kann.

Medium (O): ein erdgebundenes Wesen, das als Kommunkationskanal zwischen dem irdischen Reich und allen jenseitigen Reichen fungiert, auch das Reich der Geister. Die Kommunikation durch ein Medium ist zweiseitig: Botschaften können vom physischen zum Geisterreich gesandt werden, oder es können Botschaften aus dem Geisterreich empfangen werden. Medien können, während sie die Botschaften übermitteln, völlig bewußt, halbbewußt oder in einem »Trance« genannten Zustand sein. Sie überlassen im Gegensatz zum Channeling ihren Körper nicht den anderen Wesen. Abgesehen vom Übermitteln von Botschaften kann ein Medium auch Gegenstände aus den Reichen jenseits der Erde empfangen, oder es kann Gegenstände von der Erde in die anderen Reiche überbringen. Dieser Prozeß wird Teleportation genannt; das ist das Bewegen von Gegenständen durch Willenskraft und außersensorische Fähigkeiten, statt durch den gewöhnlichen Bewegungsapparat.

Medizinmann oder Medizinfrau (I): der spirituelle Führer oder die spirituelle Führerin eines Stammes oder Klans. Medizinleute nahmen die Funktionen wahr, die heute von Ärzten, Geistlichen, Psychologen, Zauberern, Hellsehern, Visionären und Zeremonienleitern wahrgenommen werden.

Medizinrad (I): auf der physischen Ebene ein Kreis, gewöhnlich aus Steinen, in dem viele indianische Völker ihre Zeremonien abhielten. Auf der spirituellen Ebene umschließt das Medizinrad den Kreis des Lebens und der heiligen Energie, die in ihm fließt.

Metaphysik (O, NA): das System von Prinzipien des Transzendenten und der letzten Realität. Das Studium der Fragen und Antworten, die über die Physik und die physische Existenzebene hinausgehen.

Minerale (K): natürlich vorkommende, anorganische, homogene Substanzen, die eine eindeutige chemische Zusammensetzung und eine charakteristische kristalline Struktur, Farbe und Härte besitzen. Es gibt dreitausend Minerale auf der Erde.

Mineralogie (K): Wissenschaft, die sich mit Mineralen, ihrer Klassifizierung, ihren Unterscheidungsmerkmalen, ihrer Kristallographie und ihren Eigenschaften beschäftigt und dabei chemische und physikalische Methoden benutzt.

Mohs-Skala (K): eine Skala zur Messung des Härtegrades von Mineralen. Weiche Minerale wie Talkum haben eine Mohs-Härte von 1, während der Diamant, das härteste bekannte Material, einen Härtegrad von 10 besitzt.

Morionkristall (K): ein sehr dunkler Rauchquarz, der nicht, wie gewöhnlich, braun, sondern schwarz erscheint.

Mutter Erde (I): der Begriff, mit dem die Indianer ihre Achtung vor der Erde zum Ausdruck brachten. Sie wird als weibliche, mütterliche Urkraft angesehen.

Nadelkristall (K): ein langer, dünner, gerader, durchsichtiger und einendiger Kristall, der benutzt wird, um starke Energien zu bewegen oder Blockaden aus dem Körper zu entfernen. Ein Nadelkristall ist etwa viermal so lang wie dick.

Orgon (H): die ursprüngliche, masselose, präatomare Energie, die von Dr. Wilhelm Reich entdeckt und wissenschaftlich demonstriert wurde.

Ouija-Brett (O): ein Spielbrett, das oft von Menschen benutzt wird, die mit körperlosen Wesen kommunizieren wollen. Das Brett enthält Zahlen und Buchstaben und einen Zeiger, auf den die Menschen ihre Finger legen. Der Zeiger bewegt sich auf dem Brett und buchstabiert Botschaften, welche die gestellten Fragen beantworten.

Pfeife (I): ein Rauchgerät, das meist aus einem Stein- oder Lehmbehälter und einem hölzernen Stiel zusammengesetzt ist. Pfeifen wurden häufig von Indianern bei Gebet und Zeremonie benutzt. Die Pfeife gehört zu den heiligsten Medizingegenständen, die ein Mensch besitzen kann. Sie repräsentiert das ganze Universum.

Phantomkristall (K): ein Quarzkristall, in dem ein zweiter, voll ausgebildeter Kristall gewachsen und vollständig enthalten ist.

Piezoelektrizität (K): Eigenschaft von Kristallen oder anderen Stoffen, unter Druck eine elektrische Ladung auf die im rechten Winkel zur Belastung stehenden Ebene abzugeben. Diese Eigenschaft zeigt, daß die Kräfte, welche das Kristallgitter zusammenhalten, sowohl elektrischer als auch molekularer und ionischer Natur sind.

Prana (O, NA): das Sanskritwort für »Lebensenergie«.

Psychometrie (O): Methode zum Empfangen feinster Eindrücke von einem Menschen oder einem Ort, indem etwas, das von diesem Menschen oder Ort stammt, gehalten wird.

Rauchquarz (K): eine Kristallart, die hellgrau bis fast schwarz gefärbt ist.

Räuchern (I, NA): Methode zum Reinigen, Zentrieren und Ausbalancieren eines Energiefeldes mit Hilfe des Rauchs brennender Kräuter, meist Salbei, Zeder und Sweet Grass.

Reflexzonentherapie (H): eine alternative Heilmethode, bei welcher die Füße (manchmal auch die Hände) massiert werden, um Veränderungen im Körper zu bewirken.

Regenbogenkristall (K): ein Kristall, dessen Einschlüsse einen oder mehrere Lichtspektren erzeugen, wenn der Stein in einem gewissen Winkel gehalten wird.

Rutile (K): Adern nichtkristalliner Substanzen, die im Innern eines Kristalls gewachsen sind, meist Eisen, Kupfer, Gold oder Silber.

Rutilkristall (K): ein Kristall, der Rutile enthält. Die Energie des Kristalls soll den Rutil-Linien folgen.

Salbei (I, NA): Pflanze aus der Salvia-Familie, die wild vorkommt, aber auch kultiviert wird. Es gibt mehr als einhundert Salbeiarten. Für die nordamerikanischen Indianer war Salbei das gebräuchlichste Räuchermittel.

Scanning (H, NA): eine Methode, den energetischen Zustand und die gesundheitliche Verfassung eines Menschen mit Hilfe außersensorischer Mittel festzustellen, wie etwa mit einem Kristall, indem die Hände über den Betreffenden gehalten werden, mit einem Pendel oder einer Feder.

Schamane (I, NA): russisches Wort, das heute oft benutzt wird, um einen Medizinmenschen oder einen Menschen mit außergewöhnlichen Kräften zu bezeichnen.

Schöpfer (I): die Kraft, die allem Leben innewohnt, die keinen Anfang und kein Ende kennt, sondern einfach ist. Das Wort für den Schöpfer war in vielen Indianersprachen kein Substantiv, sondern ein Verb. Indianer beteten zwar einen Gott an, sahen aber seine Manifestationen als sich beständig verändernde und entwickelnde Kraft, die alle Dinge durchdrang.

Sweet Grass (I): eine Grasart, die früher auf den Planes der Vereinigten Staaten und im Westen weit verbreitet war, die heute aber nahezu ausgerottet ist und fast nur noch in den nördlichen Teilen Kanadas gefunden werden kann. Sweet Grass wurde von den nordamerikanischen Indianern häufig zum Räuchern benutzt.

Talisman (I, NA): ein Gegenstand, der wegen seiner Symbolik und wegen der in ihm gespeicherten Energie dem Träger Kraft, Schutz, Stärke, Glück und Gesundheit schenken soll.

Telepathie (O): Methode zur Übermittlung von Gedanken oder Gefühlen an einen Menschen, der sich in größerer Entfernung befindet, ohne daß dabei die gewöhnlichen Sinne benutzt werden.

Traumkristall (K): ein Kristall, der zum Träumen benutzt wird oder hilft, veränderte Bewußtseinszustände zu erzeugen.

Urelemente (I, NA): die vier Urelemente der Indianer sind Erde, Luft, Feuer und Wasser. Das Elementarreich wird als das erste Königreich der Erde angesehen, als Bausubstanz aller anderen Lebensformen. Es wird als das unabhängigste der vier Königreiche betrachtet, weil es für sich allein existieren kann.

Vater Sonne (I): der Begriff, mit dem die Indianer ihre Achtung vor der Sonne zum Ausdruck brachten. Die Sonne wird als die männliche, väterliche Urkraft angesehen.

Verbündeter (NA): ein Kraftobjekt, das kann ein Mineral, eine Pflanze, ein Tier oder eine spirituelle Kraft sein. Es hilft einem Menschen, Kontakt mit der heiligen Energie oder Geistern aufzunehmen.

Weg (I, NA): Metapher für die Richtung, die das Leben eines Suchenden nimmt oder für die Art und Weise, auf welche ein Suchender das Leben oder eine Aufgabe angeht.

Wicca (O, NA): die alte Erdreligion, die von vielen Urvölkern Europas praktiziert wurde. Der Wortsinn ist etwa mit »Weiser Mensch« zu übersetzen. Die Wicca werden heute oft als Hexen bezeichnet.

widdershin (O): Wiccawort, das eine dem Uhrzeigersinn entgegengesetzte Richtung bezeichnet.

Wünschelrutengänger (O, NA): ein Mensch, der mit Hilfe einer Wünschelrute oder eines Pendels Wasseradern, Energiefelder oder Gegenstände aufspürt.

X-förmiger Kristall (K): bezeichnet zwei Kristalle, die in Form eines X zusammengewachsen sind. Diese Kristallform soll besonders nützlich sein, wenn es darum geht, männliche und weibliche Energien auszubalancieren.

Y-förmiger Kristall (K): bezeichnet zwei Kristalle, die in Form eines Y zusammengewachsen sind. Diese Kristallform soll die gleiche Funktion haben wie der X-förmige Kristall.

Yoga (O, NA): alte religiöse Praxis aus Asien, mit deren Hilfe die Integration physischer, geistiger, emotionaler und spiritueller Energien erreicht werden soll.

Zauberer (O): ein Mensch, der fähig ist, die gewöhnliche und übernatürliche Realität wahrzunehmen und auf beiden Ebenen nach Belieben Veränderungen vorzunehmen. Ein Mensch, der durch Beschwörungen außergewöhnliche Fähigkeiten erlangt.

Zeder (I): bezeichnet mehrere immergrüne Baumarten. Die Innenseite der Borke oder die Nadeln dieser Bäume werden häufig zum Räuchern benutzt.

Zentrieren (NA): ein Prozeß, bei dem das Energiefeld eines Menschen durch Methoden wie Räuchern, Atmen und Meditation ins Gleichgewicht gebracht wird. Oft synonym zu »balancieren« verwendet.

Zwillingskristall (K): zwei Kristalle, die aus derselben Basis gewachsen sind, wobei einer durch den anderen hindurchgewachsen ist.

Bibliographie

Bauer, Jaroslav/Bouška, Vladimir: Der Kosmos-Edelsteinführer. Kosmos-Naturführer, 1982.

Bergmann, Ludwig/Schaefer, Clemens: Lehrbuch der Experimentalphysik, Bd. II, Elektrizität und Magnetismus. De Gruyter, 1987.

Chocron, Daya Sarai: Heilen mit Edelsteinen. Hugendubel, 1984.

Eaton, Evely: Ich sende eine Stimme. Eine weiße Medizinfrau erzählt. Goldmann, 1988.

Eliade, Mircea: Schamanismus und archaische Ekstasetechnik. Suhrkamp, 1975.

Helifax, Joan: Die andere Wirklichkeit der Schamanen. Scherz, 1984.

Kunz, George: The Curious Lore of Precious Stones. Dores, 1971.

Llewelleyn Editorial Staff (Hrsg.): The Truth about Crystal Healing. St. Paul, 1987.

Raphaell, Katrina: Wissende Kristalle. Augata, 1986.

Sun Bear: Der Pfad der Macht. Goldmann, 1987.

Sun Bear/Wabun Wind: Das Medizinrad. Goldmann, 1987.

ALTES WISSEN NEU ENTDECKEN

Axel Bohnenkamp
Tarot als Lebenshilfe
11770

Hedy Brusius
Die Magie der Edelsteine
11826

Tom Graves
Pendel und Wünschelrute: Radiästhesie 11732

Ralph Tegtmeier
Zauber der Runen
11899

Nigel Pennick
Einst war uns die Erde heilig 11873

Jean Markale
Die Katharer von Montségur 12066
(Paperback)

GOLDMANN

GOLDMANN

Der Esoterik-Verlag

Dimensionen eines neuen Bewußtseins. Schon Ende der siebziger Jahre entwickelte der Goldmann-Verlag sein zukunftsweisendes Esoterik-Programm. Erfahrung, Kompetenz und Trendgespür sichern ihm seine führende Rolle in diesem Themenfeld.

Schicksal als Chance 11723

Die unendliche Quelle Ihrer Kraft 11736

Kraftzentrale Unterbewußtsein 11740

Zeit ist eine Illusion 11787

Goldmann · Der Taschenbuch-Verlag

GOLDMANN

SANDRA, die HEXE

Sandra, Deutschlands bekannteste Hexe, reitet weder auf dem Besen, noch stammelt sie wirre Zaubersprüche: Sie ist eine moderne, attraktive Frau, die mit beiden Beinen fest im Leben steht und tief in den geistigen Gesetzen des Kosmos verwurzelt ist.

»Heute leiden so viele von uns darunter, daß sie sich einsam und unselbständig fühlen. Das ist, genau betrachtet, ein schlimmes Paradoxon: Sie fühlen sich allein. Und sie sind nie für sich. Wenn wir den richtigen Weg beschreiten, sind wir nie mehr allein. Aber immer für uns.« Sandra

Sandra,
Ich, die Hexe 12134

Sandra,
Hexenrituale 12193

Goldmann · Der Taschenbuch-Verlag

GOLDMANN TASCHENBÜCHER

Fordern Sie das kostenlose Gesamtverzeichnis an!

Literatur · **U**nterhaltung · **B**estseller · **L**yrik
Frauen heute · **T**hriller · **B**iographien
Bücher zu Film und Fernsehen · **K**riminalromane
Science-Fiction · **F**antasy · **A**benteuer · **S**piele-Bücher
Lesespaß zum Jubelpreis · **S**chock · **C**artoon · **H**eiteres
Klassiker mit Erläuterungen · **W**erkausgaben

****

Sachbücher zu Politik, Gesellschaft,
Zeitgeschichte und Geschichte; zu Wissenschaft,
Natur und Psychologie
Ein Siedler Buch bei Goldmann

****

Esoterik · **M**agisch reisen

****

Ratgeber zu Psychologie, Lebenshilfe,
Sexualität und Partnerschaft;
zu Ernährung und für die gesunde Küche
Rechtsratgeber für Beruf und Ausbildung

Goldmann Verlag · Neumarkter Str. 18 · 8000 München 80

Bitte senden Sie mir das neue Gesamtverzeichnis.

Name: ________________________________

Straße: ________________________________

PLZ/Ort: ________________________________